锤炼成长 追梦青春
——社会参与能力

主 编 谷金星 肖 评 刘 清
副主编 吴 恒 王 庆 彭 菲
　　　　尹 明 占 娜 洪夏子

电子工业出版社
Publishing House of Electronics Industry
北京·BEIJING

内 容 简 介

本书是根据教育部发布的《中国学生发展核心素养》中"社会参与"素养方面的社会责任、劳动意识、问题解决、技术应用等相关内容，结合职业院校学生的特点编写的主题班会活动教材。全书包括 36 个主题班会活动，通过学生自主学习、自主活动、自主体验，培养学生正确处理与他人、社会、国家关系的情感态度、价值取向和行为方式，培养学生在日常生活和学习活动中责任担当、劳动观念、问题解决、适应挑战等方面的实践能力、创新意识及行为执行能力。

未经许可，不得以任何方式复制或抄袭本书之部分或全部内容。
版权所有，侵权必究。

图书在版编目（CIP）数据

锤炼成长　追梦青春：社会参与能力 / 谷金星，肖评，刘清主编．—北京：电子工业出版社，2022.1

ISBN 978-7-121-42777-0

I. ①锤… II. ①谷… ②肖… ③刘… III. ①思想政治教育—中等专业学校—教材 IV. ①G711

中国版本图书馆 CIP 数据核字（2022）第 015012 号

责任编辑：程超群
印　　刷：天津千鹤文化传播有限公司
装　　订：天津千鹤文化传播有限公司
出版发行：电子工业出版社
　　　　　北京市海淀区万寿路 173 信箱　邮编　100036
开　　本：787×1 092　1/16　印张：12.75　字数：326.4 千字
版　　次：2022 年 1 月第 1 版
印　　次：2022 年 1 月第 1 次印刷
定　　价：42.00 元

凡所购买电子工业出版社图书有缺损问题，请向购买书店调换。若书店售缺，请与本社发行部联系，联系及邮购电话：（010）88254888，88258888。

质量投诉请发邮件至 zlts@phei.com.cn，盗版侵权举报请发邮件至 dbqq@phei.com.cn。

本书咨询联系方式：（010）88254577。

编写委员会

主任委员： 刘　旸　湖南省职业技术培训研究室

副主任委员：（排名不分先后）

　　　　　邱家才　雷和平　唐海君

委　　员：（排名不分先后）

罗　莹	谢革非	周新辉	李兴魁	姜协武	高广安	罗湘明
廖光中	熊福意	易　灿	肖　评	游红军	冯国庆	何立山
姜　洪	曾　胜	贺　斌	欧惠平	刘　娟	谢　穗	沈朝辉
贺　辉	向　波	彭伊凡	张　斌	郭　彪	孟一凡	贺志华
陈实现	刘彦波	刘　颖	李　皑	陈法安	殷建国	邹仁义
周正耀	丁志强	黄　鑫	黎　军	尹存成	柏先红	王中军
曹钰涵	谭翔北	刘　清	甘云平	金之椰	李繁华	申学高
窦　伟	兰建国	钟　睿	黄俊云	胡贤燎	肖晓光	张　倩
刘春兰						

序言

为学生的终身发展奠基

职业教育与普通教育具有同等重要地位，肩负着为党育人、为国育才的历史使命。这就要求我们必须落实立德树人根本任务，立足学生的终身发展，提升其核心素养，为我国经济社会发展提供有力的人才支撑，实现中华民族伟大复兴的中国梦。

一、培育学生核心素养是新时代对技能人才的新呼唤

2014 年发布的《教育部关于全面深化课程改革落实立德树人根本任务的意见》（教基二〔2014〕4 号）提出，"研究制订学生发展核心素养体系和学业质量标准……明确学生应具备的适应终身发展和社会发展需要的必备品格和关键能力"。这是我国首次提出"核心素养体系"的概念。2016 年 9 月 13 日，《中国学生发展核心素养》正式发布，明确学生应具备的、能够适应终身发展和社会发展需要的必备品格和关键能力，是关于学生知识、技能、情感、态度、价值观等多方面要求的综合表现。它是以培养"全面发展的人"为核心，分为文化基础、自主发展、社会参与 3 个方面，综合表现为人文底蕴、科学精神、学会学习、健康生活、责任担当、实践创新等六大素养。它根植于中国传统文化、适应现代化要求、紧扣我国国情，满足学生需要的"核心素养"，为新时代人才培育指引了方向。

在未来人力资源市场需求多变的形势下，职业院校不仅应重视学生习得足够的基础知识、基本技能，还要注重学生认识能力、理解判断能力、综合能力等核心素养的培育。

二、牢牢把握培育学生发展核心素养的新理念和新要求

《中国学生发展核心素养》中提出了中国学生发展应该具备六大素养以及 18

个基本要点。各素养之间相互联系、相互补充、相互促进，在不同情境中整体发挥作用。

一是文化基础。它涵盖人文、科学等各领域的知识和技能，掌握和运用人类优秀智慧成果，追求真善美的统一，让学生发展成为有宽厚文化基础、有更高精神追求的劳动者。第一，包括人文底蕴，主要是学生在学习、理解、运用人文领域知识和技能等方面所形成的基本能力、情感态度和价值取向，涵盖了人文积淀、人文情怀和审美情趣等基本要点。第二，体现在科学精神，是学生在学习、理解、运用科学知识和技能等方面所形成的价值标准、思维方式和行为表现，涵盖了理性思维、批判质疑、勇于探究等基本要点。

二是自主发展。它表达的是能有效管理自己的学习和生活，认识和发现自我价值，发掘自身潜力，有效应对复杂多变的环境，成就出彩人生，发展成为有明确人生方向、有生活品质的劳动者。第一，学习能力，学生在学习意识形成、学习方式方法选择、学习进程评估调控等方面的综合表现，具体包括乐学善学、勤于反思、信息意识等基本要点。第二，健康生活，这是学生在认识自我、发展身心、规划人生等方面的综合表现，具体内容有珍爱生命、健全人格、自我管理等基本要点。

三是社会参与。它强调能处理好自我与社会的关系，养成现代公民所必须遵守和履行的道德准则和行为规范，增强社会责任感，提升创新精神和实践能力，促进个人价值实现，推动社会发展进步，发展成为有理想信念、敢于担当的劳动者。第一，责任担当，学生在处理与社会、国家、国际等关系方面所形成的情感态度、价值取向和行为方式，具体有社会责任、国家认同、国际理解等基本要点。第二，实践创新，这是学生在日常活动、问题解决、适应挑战等方面所形成的实践能力、创新意识和行为表现，包含劳动意识、问题解决、技术应用等基本要点。

三、积极开展职业院校学生核心素养的新探索和新实践

核心素养目标如何达成？通过什么途径实现？这是新时代职业院校培养学生核心素养时需要考虑的重要问题。

职业院校要适应新时代要求，探究和把握学生成长规律，丰富学生核心素养培育载体，创新开展课程思政、手脑并用、知行合一，加强实践教育。例如，充分发掘主题班会和第二课堂的育人功能，形成健康向上的校园文化氛围，作为学校思政工作的有效补充。

序 言

主题班会课是落实思政工作的重要阵地之一，是促进学生健康成长，提升学生核心素养的必要课堂，是对学生进行思想、道德、法治、人格、心理、安全等方面教育的重要途径。

以湖南省商业技师学院为代表的部分技工院校探索基于核心素养培育的体验式主题班会活动，通过体验式主题班会活动的形式，使学生的核心素养能够得到不断培育，有效促进学生掌握所学知识与技能，激发学习兴趣，培养创新意识，促进个性发展，提升多元化能力，从而使学生能够更好地适应社会发展的需求。这是一种很好的尝试和实践，很有意义。

围绕这个课题，湖南省职业技术培训研究室牵头，组织部分技工院校，突出立德树人这一根本任务，利用主题班会课，培育学生的核心素养，使之内化于心、外化于行，遵循学生身心成长规律，以促进学生全面发展和终身发展为目标。结合学生发展核心素养及职业院校学生的实际情况，采用模块化设计，开发了"职业院校学生发展核心素养系列读本"，包括《自主能力发展》《人文底蕴素养》《社会参与能力》《职业精神培育》四本读本，每本读本设计了36个主题活动，通过四个维度144个主题活动，构建规范的学生发展核心素养主题班会活动体系，从多角度、多层面，深入浅出地引导学生体会人生哲理、学习优秀文化、参与社会活动、培育职业精神，达到加强学生自主管理、增强文化自信、勇于承担责任、提升职业能力的目的，最终实现培养有理想信念、家国情怀、精湛技艺、创新精神的未来工匠之目的。

探索新时期学生核心素养培育途径是一个永不落幕的课题，希望有更多关注技能人才培育的有识之士共同探讨和研究，共同推动这项有意义的工作，为提高学生的核心素养，增强就业竞争力，提升适应岗位及职业变化的能力，为学生的可持续健康发展，提供可借鉴的方法和模式。

前　言

职业院校学生是一个特别的群体,尽管当今社会信息化高度发达,但职业院校中的部分学生仍然处于社会知识的"盲区"、社会主流思想的"误区"。为此,我们有必要编订一部教材,借助互联网的优势,让学生增长社会见识,让其眼界进入"开阔区",让其思想回归"光明区",让其人生的发展向上、向善、向好。

本书是根据教育部发布的《中国学生发展核心素养》中"社会参与"素养方面的主要内容为基础编写而成的。本书贯彻"全面发展""全方位育人"理念,结合职业院校学生的实际情况,以核心素养中的社会责任、劳动意识、问题解决、技术应用等相关内容为主体,以36个班级主题活动为载体,以古今中外典型事例为依托,以"情境化、学生自主体验"教育为方法,以培养学生的信息收集能力、说话沟通能力、道德情感体验能力和行动执行能力为目标。

本书的宗旨是通过强化学生社会知识、见识的学习和训练,让学生懂得处理好自我与社会的关系,遵守道德准则,履行行为规范,增强社会责任感,提升创新精神和实践能力,促进个人价值实现,推动人类社会发展进步,发展成为有理想信念、敢于担当的人。希望通过对本书内容的学习,能够培养学生良好的现代公民素质和深厚的家国情怀,使之成为具备国际视野的时代新人。

本书由谷金星、肖评、刘清担任主编,吴恒、王庆、彭菲、尹明、占娜、洪夏子担任副主编,雷新平、田小伟、谷琰如参与编写。全书由谷金星、肖评、刘清负责整体构思、班级活动主题的选择等工作。其中,谷金星主要撰写了活动8~活动11及活动31,并参与撰写了活动2、活动12、活动19、活动21、活动24、活动25等;吴恒主要撰写了活动1~活动7,并参与撰写了活动26和活动27;王庆主要撰写了活动30及活动32~活动36;尹明主要撰写了活动12~活动16及活动23;彭菲主要撰写了活动17~活动22,并参与撰写了活动2和活动30;占娜主要撰写了活动24~活动29,并参与撰写了活动33;洪夏子、雷新平、田小伟、谷琰如负责资料收集和整理等工作。由谷金星、尹明负责全书统稿工作。在本书编写过程中得到了湖南省人力资源和社会保障厅相关领导的关心和指导,也得到了兄弟院校的大力支持,在此一并表示感谢!

受编者水平所限,书中难免存在不足和疏漏之处,由衷地希望使用本书的师生提出宝贵意见。

编　者

目　录

活动 1　有我在，我行 …………………………………………………… 001

活动 2　诚实守信是一个人的名片 ……………………………………… 006

活动 3　我爱我家 ………………………………………………………… 011

活动 4　团结友善，和谐家园 …………………………………………… 016

活动 5　远离黄赌艾，洁身自爱 ………………………………………… 021

活动 6　拒绝毒品，珍爱生命 …………………………………………… 027

活动 7　帮助他人，快乐自己 …………………………………………… 032

活动 8　工作认真，人生更精彩 ………………………………………… 037

活动 9　大自然是人类的母亲和老师 …………………………………… 043

活动 10　人类与野生动物是朋友 ………………………………………… 048

活动 11　我和我的祖国一刻也不能分开 ………………………………… 054

活动 12　平凡劳动成就人生梦想 ………………………………………… 059

活动 13　我劳动我健康 …………………………………………………… 064

活动 14　我劳动我智慧 …………………………………………………… 069

活动 15　凡事匠心，做最好的自己 ……………………………………… 074

活动 16　劳模精神，争创一流 …………………………………………… 080

活动 17　依法维护劳动者权益 …………………………………………… 086

活动 18　高高兴兴上班来，平平安安回家去 …………………………… 092

活动 19　劳动竞赛，技能高手献礼劳动节 ……………………………… 098

活动 20　我憧憬的未来劳动 ……………………………………………… 103

社会参与能力

活动 21	问题无处不在，树立问题思维	109
活动 22	善于发现问题，做生活中的有心人	114
活动 23	善于提出问题，做工作中的引导者	118
活动 24	善于解决问题，让自己成为有智慧的人	123
活动 25	善于反思问题，让自己越来越聪明	128
活动 26	天天"315"，生活无烦忧	133
活动 27	天上不会掉馅饼	138
活动 28	水火无情，时刻警醒	143
活动 29	气候变化，人类命运	150
活动 30	技术推动人类文明的发展	156
活动 31	热爱技术，报效祖国	161
活动 32	学会系统思考，优化工作流程	166
活动 33	制定技术方案，工作有条不紊	171
活动 34	技术创新，社会更进步	175
活动 35	专利发明，利国利民	181
活动 36	保护知识产权，尊重知识成果	186

活动 1　有我在，我行

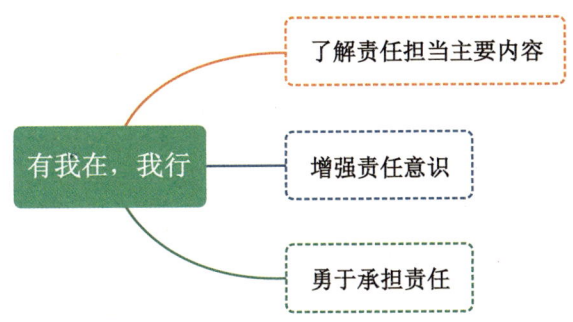

活动目标

1. 理解责任的主要内容。
2. 主动承担责任。

活动探究

情境导入

来自湖南省商业技师学院的邹老师回忆，2008 年 5 月 12 日，当时 23 岁的他见识了 1949 年以来"破坏性最强、波及范围最广、救灾难度最大"的自然灾害——汶川特大地震，基于发自内心的责任与担当意识，他决定负重逆行，前往灾区，参与抗震救灾。

在汶川特大地震发生之后到抗震临时用房建成之前，四川绵阳九洲体育馆一直被用来临时安置地震灾民。在这里，邹老师所在的志愿者团队每日在微微细雨的午夜搬运救灾物资，在烈日炎炎的中午为集中场地消毒，在撕心裂肺的哭声中为受难同胞做心理咨询服务。他的小团队只不过是一个缩影，还有来自全国各地的志愿者团队在九洲体育馆不辞劳苦、团结一心、患难与共、勇担重任，每个人都展示出身为中国人的责任与担当精神。

社会参与能力

地震灾害发生后，解放军、警察、消防员、医护工作者等仍然是抗震救灾的主力军。在这场没有硝烟的"战争"中，中华民族与生俱来的敢于担当的逆行者精神，仿佛黑暗中的曙光，给人们带来希望。

学生思考

是什么样的信念或者力量驱动着邹老师这样的"逆行者"勇敢前行？

知识探究

责任产生于人类社会关系中的相互承诺和普遍存在的道德默契。在社会上，人们的每一种角色往往都意味着一种责任。

身为子女，尊重、孝敬父母是我们的责任。

作为学生，遵守校纪班规、完成学业任务、成长为合格的社会主义建设者和接班人是我们的责任与使命。

作为朋友，互相体谅、互相帮助，我们义不容辞。

对于陌生人，待人友善、扶危济困是美德。

作为公司员工，是否有责任心，决定着其是否爱岗敬业，也决定着其工作的好坏和事业的成败。

作为普通公民，我们"先天下之忧而忧，后天下之乐而乐"。

作为社会成员，我们应该维护公平正义、热爱和平、保护环境……要扮演好各种角色，我们必须尽到自己的责任。

只有人人都认识到自己所扮演的角色，尽到自己的责任，才能共同建设和谐美好的社会，共享美好的幸福生活。

活动体验

全班同学划分为三个小组,在老师的指导下分别完成以下任务。

第一小组同学查找"汶川特大地震"抗震救灾期间的感人故事,并由一位同学分享小组的学习体会。

第二小组同学搜集反映抗震救灾"责任担当"的图片或小视频,并通过投影仪播放(解释说明),然后由一位同学分享搜集过程中的体会。

第三小组同学围绕抗震救灾,以"责任担当"为主题,准备3分钟演讲,演讲后由一位同学分享学习体会。

由每个小组推选一位同学担任活动评审员组成评审组,分别对以上三个小组的表现打分,同时评选出一位最佳同学,最后由一位同学进行点评。

社会参与能力

活动回顾

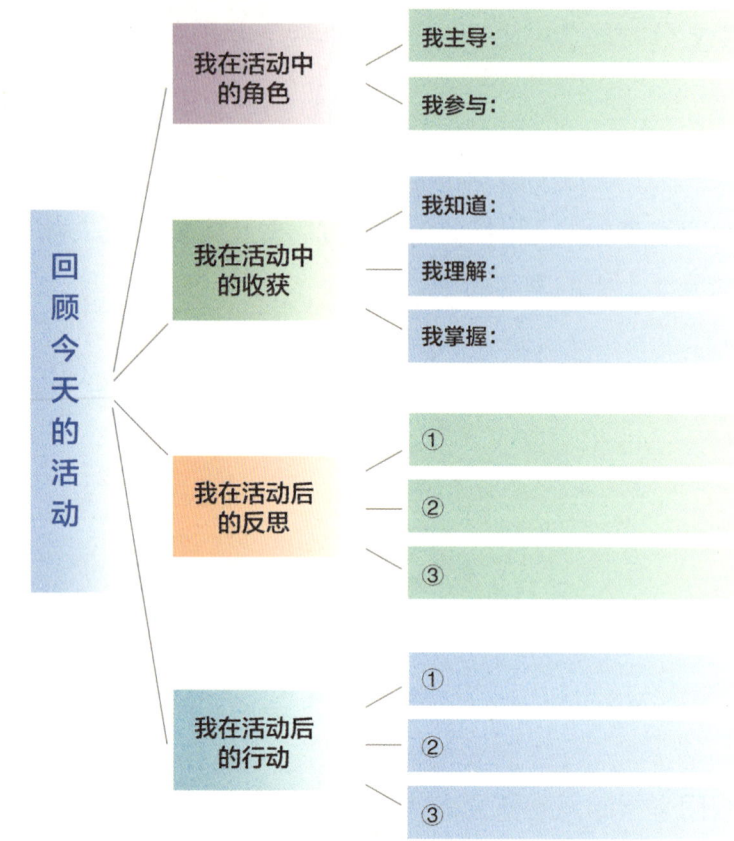

活动延伸

 想

1. 请同学们在老师的指导下查一查"到距家 4 千米外悬崖边上网课的杨秀花",想一想:她给我们什么启示?我们该做些什么?

2. 请同学们在老师的指导下查一查"时代楷模"张桂梅的相关视频资料，想一想：我们要学习张桂梅老师的哪些精神？

社会参与能力

活动 2　诚实守信是一个人的名片

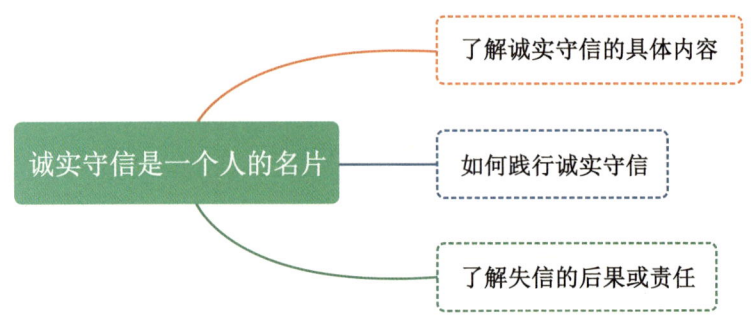

活动目标

1. 认识诚实守信对个人和社会的重要性。
2. 懂得如何践行诚实守信。
3. 懂得失信的后果或责任。

活动探究

情境导入

巴山深处的"诚信老爹"

"再难都要把钱还清。人家信任我和我儿子，我必须做一个讲信用的人。"这位 70 多岁住在巴山深处的老人被大家称为"诚信老爹"。几年前，他 42 岁的儿子患重病，"老爹"夫妇花光了家里的所有积蓄，还向所有的亲朋好友借遍了钱，可儿子最后还是离开了他们。有的借钱人因信任连欠条都没写，但是"老爹"将每一笔借款都深深地记在心中，整整 24 万元。

为了偿还这些巨额债务，"老爹"老两口起早贪黑，种植了十多亩玉米，饲养了 7 头土猪，上山割生漆，空闲做木工……一天一天存着钱，又一笔一笔还着债。在近乎煎熬的日子里，他背负着生存与欠债的双重压力，坚忍不拔地走着诚信之路。"老爹"说，"做人要有诚信，才活得硬朗。"2018年，他被评为脱贫攻坚"自强标兵"。他坚定地说，"现在我已还上了17万多元。再努力几年，还欠下的6万多元就能还清了。我已和外出打工的孙子交代好了，我有生之年还不完债，就让他还，一直到还完为止。"

学生思考

从"70多岁的巴山老爹为儿子还没有欠条的债"你想到了什么？

知识探究

诚实守信是什么呢？可能是一句话，一个字，一声回答，一分钱，一个等候，一份守护，一份陪伴，一个坚守，一份初心，一份默契，一份牵挂，一份帮助。人无信不立，业无信不兴，国无信不强。守信于己、诺信于人、践信于行，则走遍天下皆朋友。从个人、社会到国家，从法律、制度到文化，诚实守信是根本，是灵魂，是支柱。所以，诚实守信是助推个人成长、家庭和睦、社会进步、国家强盛的巨大能量。

整个社会生活中诚实守信的风尚是社会公序良俗的重要保障，是公平正义的基础条件。诚信的基本要求是守诺、践约、无欺。在现代社会，诚信既是调节人与人之间行为规范的一种道德要求，也是市场主体所应遵循的一种经济伦理规范。做诚实守信的人，就是要始终保持善良、正直、公正的品质，不欺骗、不撒谎，不在利益面前存私心、谋私利。

要做到诚实守信，就应该做到：
（1）遵守承诺，自觉履行诺言。

（2）尊重客观事实。

（3）对工作负责，扎扎实实完成任务。

（4）人情服从规矩、法律。

（5）个人利益服从团队或集体利益，眼前利益服从长远利益。

（6）担当责任，不推诿，承担后果。

建设诚信社会，要优化讲诚信的社会法治环境，提高失信行为的法律成本；优化讲信用的社会经济环境，提高失信行为的经济成本。例如，《最高人民法院关于公布失信被执行人名单信息的若干规定》第八条规定：人民法院应当将失信被执行人名单信息，向政府相关部门、金融监管机构、金融机构、承担行政职能的事业单位及行业协会等通报，供相关单位依照法律、法规和有关规定，在政府采购、招标投标、行政审批、政府扶持、融资信贷、市场准入、资质认定等方面，对失信被执行人予以信用惩戒。

国家也在进一步完善措施、加大力度惩治失信行为，失信者有可能记入档案，并从多个方面对其行为进行限制，如限制高消费、禁止部分高消费行为等。

活动体验

诚实守信是中华民族传统美德，想一想：有哪些名人名言或者谚语能体现诚实守信？

查阅《最高人民法院关于限制被执行人高消费及有关消费的若干规定》（2015年修正）。请你说一说：日常生活中有哪些消费属于"限高令"的范畴？该规定对失信人有哪些惩罚条文？

写

在老师的指导下查找对以下事迹的相关报道，说说这些事迹中包含了有哪些打动我们的精神，并把你的感悟写成一篇以诚实守信为主题的短文，要求 500~1000 字。

（1）遵义村支书带领村民绝壁上凿出 9400 米"生命渠"。

（2）昆仑山脚下为牺牲战友守墓 40 余年。

（3）"江家秤"传下去的不光是手艺，更是良心。

活动回顾

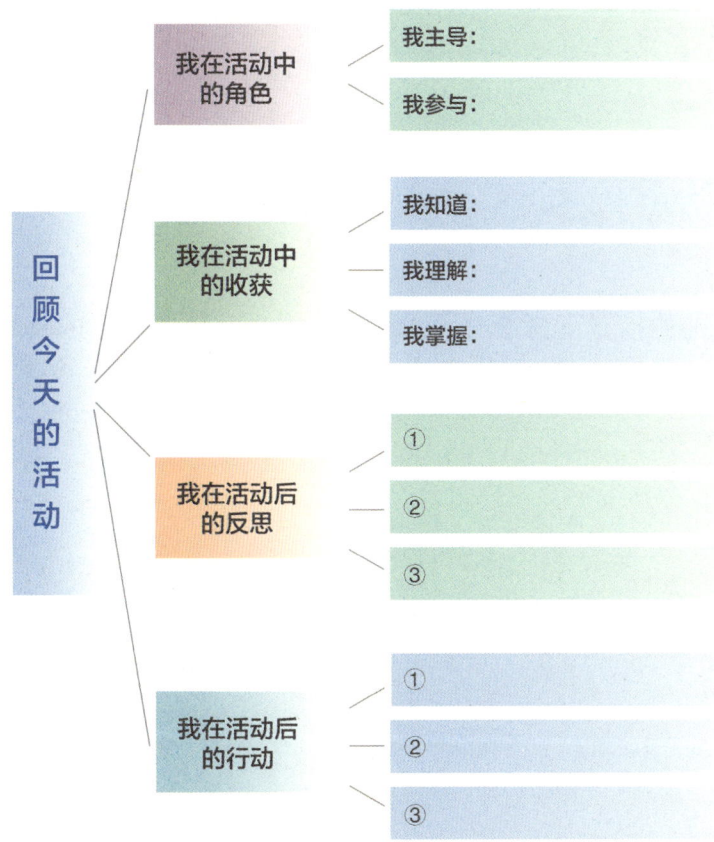

活动延伸

想

1. 典故赏析：查阅《曾子杀猪》的故事。

思考：曾子为什么要为妻子哄孩子的一句话就当真把家里的猪杀了？

2. 在老师的指导下查看"无人菜市"视频，谈谈自己的感想。

活动 3　我爱我家

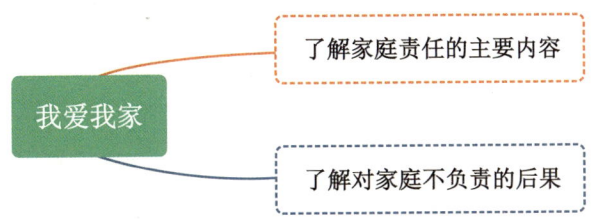

活动目标

1. 认识、理解家庭责任的主要内容。
2. 增强家庭责任意识。
3. 践行修身齐家的家庭责任。

活动探究

情境导入

"女儿，爸爸可以把一个肾给你，这样以后你就可以不用透析，正常地生活了。""不要，爸爸，我不能要你的肾，我不想你受罪。"

代某是一名父亲，他的女儿得了尿毒症，上面是他们父女之间的对话。数年来他一直劝女儿接受自己捐肾。只是罹患尿毒症的女儿的态度很坚决，不想拖累父亲。终于在"僵持"了三年之后，代某达成捐肾救女的愿望。他捐出的左肾，移植到了 21 岁的女儿身上。而在此前，女儿已被多次下达病危通知。"能用一个肾救女儿，我心甘情愿！"

23 岁那年，代某当上了爸爸；45 岁这年，他又给了女儿一次生命。

🎯 学生思考

读完情境中的案例,你有何感想?

✳ 知识探究

家是生我养育我的地方,家是爱的港湾,家是成长的基地。不论你走多远,不论你身在何地,不论你是贫穷还是富贵,家是你永远的牵挂。

家是人生的起点,也是人生的归宿。每个人享受家人关怀、无私的爱的同时,也应该承担相应的责任:

(1)家庭成员之间应当互相帮助、互相关爱、和睦相处,履行家庭义务。

(2)父母对未成年子女有抚养、教育和保护的义务。

(3)成年子女对父母有赡养、扶助和保护的义务。

(4)未成年人的监护人应当以文明的方式进行家庭教育,依法履行监护和教育职责,不得实施家庭暴力等。

当我们没有履行相应的家庭义务时,就有可能承担相应的法律责任。例如,在我国,虐待家庭成员,对于年老、年幼、患病或者其他没有独立生活能力的人负有扶养义务而拒绝扶养,情节恶劣的,要承担相应的刑事责任。同时,父母或者其他监护人对未成年人有监护职责和抚养义务,如果对未成年人实施家庭暴力、虐待、遗弃等行为的,也要承担相应的法律责任。

活动体验

 说

查阅媳妇孝敬公婆的事例，说一说：媳妇是否应该把公公婆婆当亲生父母养？女婿是否应该把岳父岳母当亲生父母养？

 算

根据国家统计局资料，2019年，全国居民人均可支配收入中位数为26523元，较2018年增长9.0%。请同学们依据此数据或询问家长（或自己估算）以下表格中的各项支出，计算家庭年总支出和结余，并谈谈自己的感想。

	项目（年）	金　　额
1	家庭衣着支出	
2	家庭食品支出（包括柴米油盐酱醋茶等食品开支）	
3	家庭居住支出（包括房租、房贷、物业费、停车费等支出）	
4	家庭交通和通信支出	
5	家庭娱乐教育文化服务支出（包括学费、生活费等）	
6	家庭赡养支出	

续表

	项目（年）	金　额
7	家庭设备用品及服务支出	
8	家庭医疗保健支出	
9	家庭杂项商品和服务支出	
10	其他	
	总收入	
	总支出	
	结余（总收入－总支出）	

 唱

全班合唱歌曲《常回家看看》。

活动回顾

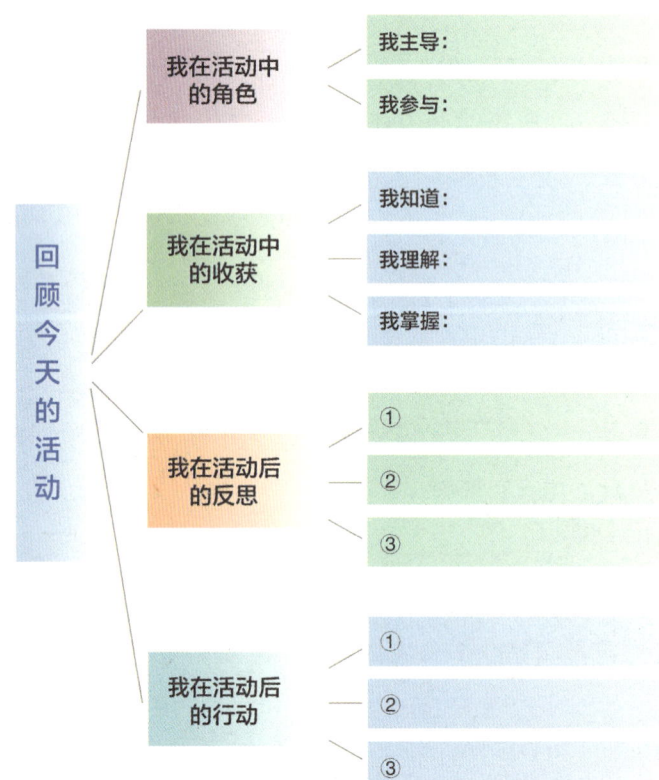

活动延伸

写

给父母写一封信，汇报自己在学校的学习和生活情况，表达对父母的爱。

动

我能为家里做点什么？（任选一项或两项）
（1）利用假期外出打工以减轻家庭负担。
（2）在家做饭菜、洗衣服等，让父母或爷爷奶奶"坐享其成"。
（3）女同学为妈妈化妆，让妈妈更漂亮；男同学为爸妈揉肩捶背，让爸妈更放松等。
写下自己的感想。

社会参与能力

活动 4　团结友善，和谐家园

团结友善，和谐家园 —— 了解团结合作就是力量

团结友善，和谐家园 —— 践行团结友善的价值观

活动目标

1. 理解团结就是力量的道理。
2. 懂得如何做到团结友善。

活动探究

情境导入

古时候有一个名医，给人看病从来不收钱物，只规定：每治好一个小病，病人要给他栽活一棵杏树；治好一个大病，病人要给他栽活五棵杏树。数年之后，他的住处附近便长成了一片杏林。待杏林结出果实时，他又以杏果换粮，赈济穷人。这位名医的事迹被后人誉为"杏林春暖"。

学生思考

情境中"杏林春暖"的故事对你有何启发？

🞻 知识探究

有两首童谣。

其一：

一只蚂蚁来搬米，搬来搬去搬不起；

两只蚂蚁来搬米，身体晃来又晃去；

三只蚂蚁来搬米，轻轻抬着进洞里。

其二：

一个和尚挑水喝，

两个和尚抬水喝，

三个和尚没水喝。

"三只蚂蚁来搬米"之所以可以"轻轻抬着进洞里"，是因为蚂蚁们相互帮助，团结合作，相互负责，展现了团结就是力量。而"三个和尚"之所以"没水喝"，是因为彼此推诿，都不愿意主动承担责任，都想坐享其成。

"友"字在甲骨文中像两只手，象征着朋友之间的援手，因此，其本意是帮助。"善"字由一个羊和一个言组成，羊是吉祥的代表，言是讲话，因此，其本意是吉祥的话语。两者结合起来，"友善"直接的意思就是像朋友一样善良，寓意是互相帮助和互相祝福。互相帮助意味着在其他人处于困境时要助人为乐，互相祝福意味着在其他人不需要自己帮助时要心态良好。具体来说，友善需要公民做到待人平等、待人如己、待人宽厚与助人为乐等四个基本方面。

践行团结友善的价值观：一是加强自我修养，遇事沉着冷静，多设身处地从对方立场想一想，不急不躁不吵不闹，发扬中华民族"和为贵""和气生财""家和万事兴"等优良传统；二是沟通协商、平等处理与他人之间的意见分歧、矛盾或纠纷；三是依法依规参与社会各项活动，从思想和现实中改变自己面临的自私选择；四是学习助人为乐的典型人物事迹，怀德畏法，一心向善，自觉践行社会主义核心价值观，限制私欲的无限发展，抗衡搭便车的机会主义行为，使我们都能够主动承担和谐人际关系建设的责任和义务。只有人人讲团结、事事讲友善、处处讲礼让，我们才能拥有美丽和谐的生活家园和精神家园。

社会参与能力

活动体验

 说

1. 在老师的指导下分组查阅关于蚂蚁团结协作的故事，说一说：对自己有什么启发？

2. 在老师的指导下查找有关打架斗殴产生相关恶劣后果的材料，说一说：同学之间如何避免打架斗殴？

 找

每两人为一组，互为对方的"魔镜"。向对方询问自己的 5 个缺点，但回答的一方只能回答对方的 5 个优点。

活动回顾

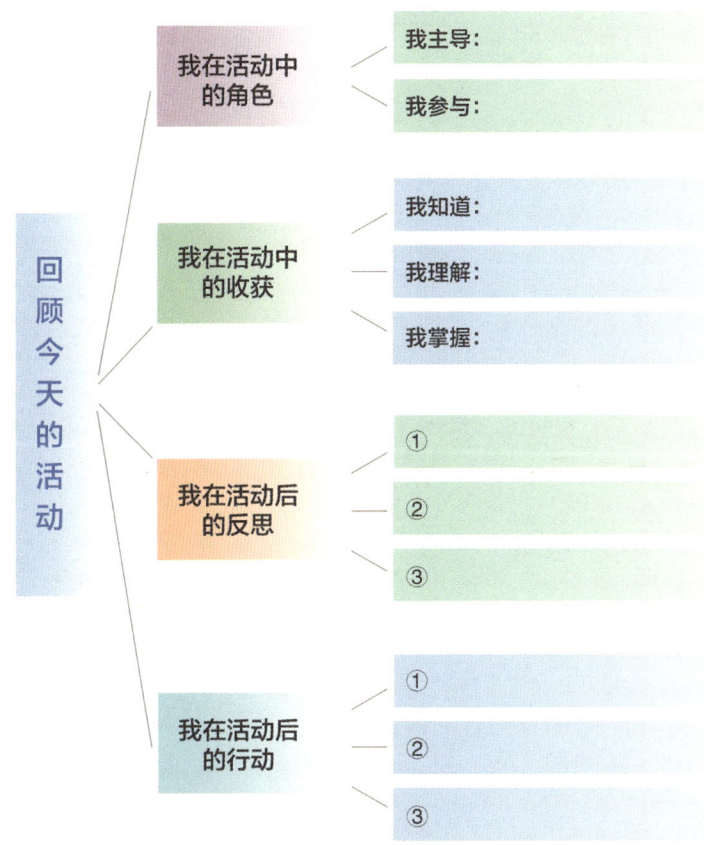

活动延伸

想

1. 拓展阅读

请同学们在老师的指导下动手查一查某航班上医生张红用嘴为老人吸尿的新闻材料。读完新闻，写下你的感想。

社会参与能力

2. 在老师的指导下查阅因不团结而造成严重后果的历史故事，写出自己的感想。

活动 5　远离黄赌艾，洁身自爱

```
                    ┌─────────────────────────────┐
                    │ 了解色情、赌博、艾滋病的危害 │
  ┌──────────────┐ ┘└─────────────────────────────┘
  │远离黄赌艾，洁身自爱│
  └──────────────┘ ┐┌─────────────────────────────┐
                    │ 远离黄赌，预防艾滋病         │
                    └─────────────────────────────┘
```

活动目标

1. 认识涉黄涉赌对青少年的危害。
2. 增强对黄赌艾的警惕性。
3. 远离黄赌艾，洁身自爱，健康成长。

活动探究

情境导入

市民刘先生称自己家里最近来了一帮社会青年要债，说他们家的儿子已经欠债 60 多万元，要赶紧还债！刘先生说，自己的儿子正读高三，每个月家里都给儿子 1000 元的零花钱，对于一个高三学生来说，应当是够用的，但突然跑出来的 60 多万元的巨额欠款让刘先生无法接受。随后，刘先生在派出所看到了自己儿子部分欠条的复印件。刘先生的儿子小刘说，自己是因为参与了某社交软件群里面的猜数字赌博游戏，一开始借了同学的 2000 元，但一下就输光了，而这件事又不敢告诉家人，于是就继续赌下去。而这一次的继续，让小刘越陷越深，越赌输的越多，越输就借的越多。小刘还说，事后他还受到对方更严重的威胁。

社会参与能力

学生思考

为什么会出现案例中的情况？

知识探究

青少年涉赌有诸多危害，例如，赌博容易让人沉溺，易助长不劳而获的风气，让人滋生贪欲，久而久之会使同学们的人生观、价值观发生扭曲，易使青少年忘记了学习，影响学业、生活。赌博是违反法律的行为，情节严重的将受到法律处罚。

青少年涉黄可能会引发各式各样的违法犯罪行为，产生伦理道德问题。大部分青少年心智尚未成熟，如果没有通过正确的渠道去了解和学习，一些不良的、不正确的观念就会传播，从而对青少年的思想造成侵害，若放任其发展，可能会滋生一系列社会伦理和道德问题，影响青少年身心健康。例如，艾滋病就可以通过不洁性接触传播。艾滋病可使人体产生严重的免疫缺陷，从而很容易被细菌、病毒、真菌、寄生虫等感染，由于人体缺乏免疫力，易患恶性肿瘤，从而导致患者死亡。

青少年远离黄、赌、艾滋病需做到：从思想上筑起防火墙，要防微杜渐，拒绝网络色情；远离娱乐场所，分清娱乐和赌博的界限；加强学习，看透事情的本质，充分认识涉黄涉赌以及艾滋病的危害，要知道违法往往从违纪开始，要自觉遵守学校的规章制度，树立起遵纪守法的正气；多参加一些积极向上、有益健康的文体活动，充实日常生活；勇于承担责任，不管是自己还是别人犯了错误，要积极听从亲人以及老师的劝阻，或劝阻他人。

活动体验

 查

在老师的指导下查一查:有哪些因涉黄涉赌而导致身败名裂甚至家破人亡的案例?谈谈对自己有哪些警示。

 比

选择题(每小题10分,共100分)

1. 艾滋病是(　　)。
    A. 一种性病　　　　　　　B. 一种血液病
    C. 获得性免疫缺陷综合征　　D. 同性恋病

2. HIV是(　　)。
    A. 预防艾滋病组织的缩写
    B. 预防艾滋病疫苗
    C. 人类免疫缺陷病毒
    D. 治疗艾滋病的特效药

3. 第一例艾滋病病人是哪一年在哪个国家首先被发现的?
(　　)
    A. 1984年,英国　　　　　B. 1981年,美国
    C. 1971年,美国　　　　　D. 1981年,英国

4. 预防艾滋病的错误方法是(　　)。
    A. 安全性行为:正确使用质量可靠的避孕套,洁身自爱,不在婚前、婚外发生性行为
    B. 远离毒品:不涉毒,尤其不与他人共用针具吸毒
    C. 避免经血液感染:提倡无偿献血,不输入被污染的血液
    D. 远离艾滋病感染者和艾滋病患者,不与他们接触

5. 艾滋病感染者和艾滋病患者有什么区别?(　　)
    A. 没有区别
    B. 只是叫法不同

C. 严重程度不同

D. 感染者指艾滋病病毒携带者，患者指已经被艾滋病病毒攻击而丧失免疫力的人

6. 如何正确对待艾滋病病毒感染者、艾滋病患者以及他们的亲友？（   ）

    A. 闻"艾"色变，远离艾滋病患者

    B. 不与艾滋病患者同桌吃饭、共同办公，不使用艾滋病患者用过的马桶

    C. 背后指指点点，见了艾滋病患者和感染者马上躲避

    D. 关爱艾滋病感染者及艾滋病患者，与他们进行亲切交谈、握手、共同进餐等日常接触；为他们的亲友提供有关艾滋病的护理和防治知识

7. 宣传和普及预防艾滋病知识的世界艾滋病日（World Aids Day）是（   ）。

    A. 每年 12 月 1 日   B. 每年 12 月 6 日
    C. 每年 6 月 12 日   D. 每年 12 月 16 日

8. 在下列几种体液中，哪种不会传播艾滋病病毒？（   ）

    A. 血液   B. 汗水
    C. 精液   D. 阴道分泌液

9. 既能避孕又能预防艾滋病病毒和性病传播的措施是（   ）。

    A. 上环   B. 结扎
    C. 使用避孕套   D. 口服避孕药

10. 用于预防艾滋病宣传的红丝带的由来和意义是（   ）。

    A. 20 世纪 80 年代末，美国艺术家用红丝带来默默悼念身边死于艾滋病的同伴，呼唤全社会关注艾滋病防治问题，后来红丝带成为颜色醒目的统一标志

    B. 20 世纪 80 年代末，美国艺术家用红丝带来默默悼念身边死于艾滋病的同伴，呼唤全社会关注艾滋病防治问题，后来红丝带成为大家都佩戴以及用于宣传的国际标志

    C. 20 世纪 80 年代末，美国艺术家用红丝带来默默悼念身

边死于艾滋病的同伴，呼唤全社会关注艾滋病防治问题，后来红丝带成为理解、关爱艾滋病病毒感染者及艾滋病病人的国际标志

D. 20世纪80年代末，美国艺术家用红丝带来默默悼念身边死于艾滋病的同伴，呼唤全社会关注艾滋病防治问题，后来红丝带成为远离艾滋病的警示标志

活动回顾

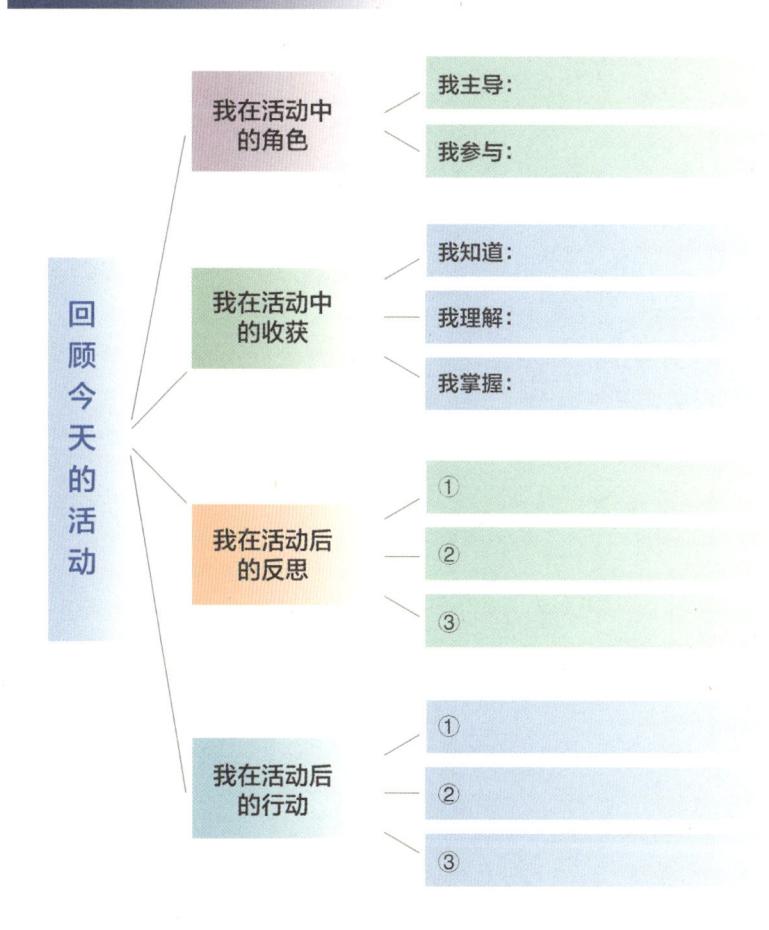

回顾今天的活动
- 我在活动中的角色
  - 我主导：
  - 我参与：
- 我在活动中的收获
  - 我知道：
  - 我理解：
  - 我掌握：
- 我在活动后的反思
  - ①
  - ②
  - ③
- 我在活动后的行动
  - ①
  - ②
  - ③

活动延伸

◆ 想

吕平（化名）和邓晓（化名），这对夫妻曾经开了3家理发店，

025

社会参与能力

2006年前后,二人仅银行存款就有近200万元。正当夫妻俩的事业红红火火时,妻子邓晓迷上了赌博,不仅败光家产,还欠下了几十万元的高利贷。二人家庭深受其害,邓晓因为无法戒赌,甚至多次产生轻生的念头。

吕平很难过,他痛恨害人的赌博,于是下决心要帮妻子戒掉赌瘾。吕平从此踏上了漫长的反赌之路。在他的不懈努力下,邓晓慢慢地戒掉了赌瘾。此时,吕平也萌发了通过拆穿赌场"千术"帮助他人戒赌的想法。

读了这个案例,你有什么感悟?请写下来。

活动 6　拒绝毒品，珍爱生命

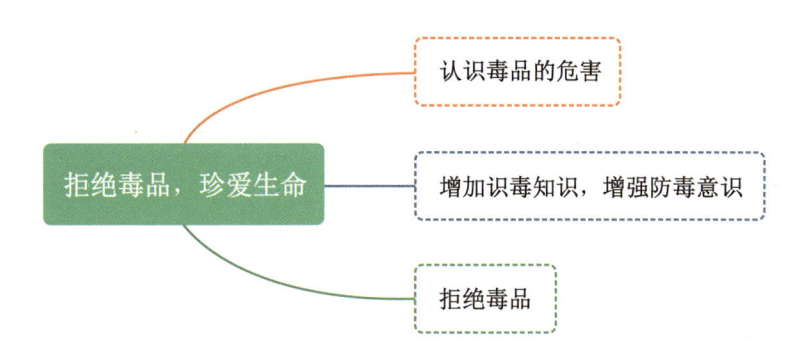

```
                    ┌─ 认识毒品的危害
拒绝毒品，珍爱生命 ──┼─ 增加识毒知识，增强防毒意识
                    └─ 拒绝毒品
```

活动目标

1. 认识毒品对青少年、对社会的危害。
2. 提高对毒品危害的认识。
3. 远离毒品，珍爱生命。

活动探究

情境导入

2015年9月的一天，某县公安局禁毒大队民警接到县某职教中心学校校警的报警电话，称发现该校学生张某、李某、周某等三人有吸毒的嫌疑。接警后，禁毒大队民警迅速赶到该校将三人传唤至县公安局接受调查，经对三人进行尿液检测，张某、李某尿液呈阳性。后经审查发现，张某涉嫌容留他人吸毒，随即公安将其抓获。

法院经审理认为，被告人张某违反国家关于毒品的管理规定，容留多人在其家中吸食毒品，其行为已构成容留他人吸毒罪，应当追究其刑事责任。鉴于其犯罪时未满十八周岁，系未成年人，且在公安机关询问其吸毒的事实时主动交代其容留他人吸毒的犯罪事实，系自首，依法对其从轻处罚。

🔷 学生思考

为何会出现案例中的情况？

✤ 知识探究

毒品的危害极大，可以概括为"毁灭自己，祸及家庭，危害社会"。吸毒者将毒品摄入体内，会产生各种各样的毒副反应及产生戒断症状，对人体造成直接且严重的损害，甚至导致死亡。此外，由于毒品的成瘾性，会让吸毒者成为毒品的奴隶，许多吸毒者因此失去学习、工作、生活的兴趣与能力。

吸毒与犯罪犹如一对孪生兄弟。吸毒者为获取毒资往往无视道德、罔顾法律，走上违法犯罪的道路，从而严重危害社会治安及稳定。

我国向来严厉打击吸毒及毒品犯罪行为，坚持严打方针和"零容忍"观念不动摇。我国法律、法规对吸毒行为的认定及处罚规定也较为完善，《刑法》《治安处罚法》《禁毒法》等对吸毒做出了严格规定。

作为职业院校学生，一是要筑牢思想防线，树立正确的人生观和价值观，把主要精力用在学专业、学技能上，谨防不良思想腐蚀；二是要谨慎交友，不讲哥们儿义气，始终保持自己正直做人的底线，谨防"毒友""毒贩"设圈套拉人下水；三是要正确对待人生道路上的困难和挫折，做到"胜不骄、败不馁"，不自暴自弃，谨防"毒友""毒贩"突破自己的思想防线；四是要遵守纪律和法律，提高防毒意识，认真学习关于涉毒所要承担的法律后果，自觉做到"不进营利性娱乐场所，不吸食兴奋剂，在不熟悉的场所不喝开过瓶盖的饮品，不吃陌生人给的食品",遇到身边有吸毒的人要及时向公安机关报告;五是要追求健康、朴素的生活方式,杜绝抽烟、喝酒、网瘾等不良嗜好,不盲目追求高消费和寻求刺激,铭记"吸毒一口,痛苦一生"的道理。

活动体验

看

在老师带领下查阅关于毒品的图片,了解毒品的种类。

说

1. 在老师的指导下查一查:有哪些因涉毒而导致身败名裂甚至家破人亡的案例?请同学谈谈感想。

2. 分组进行讨论:青少年应该如何防毒、拒毒?

活动回顾

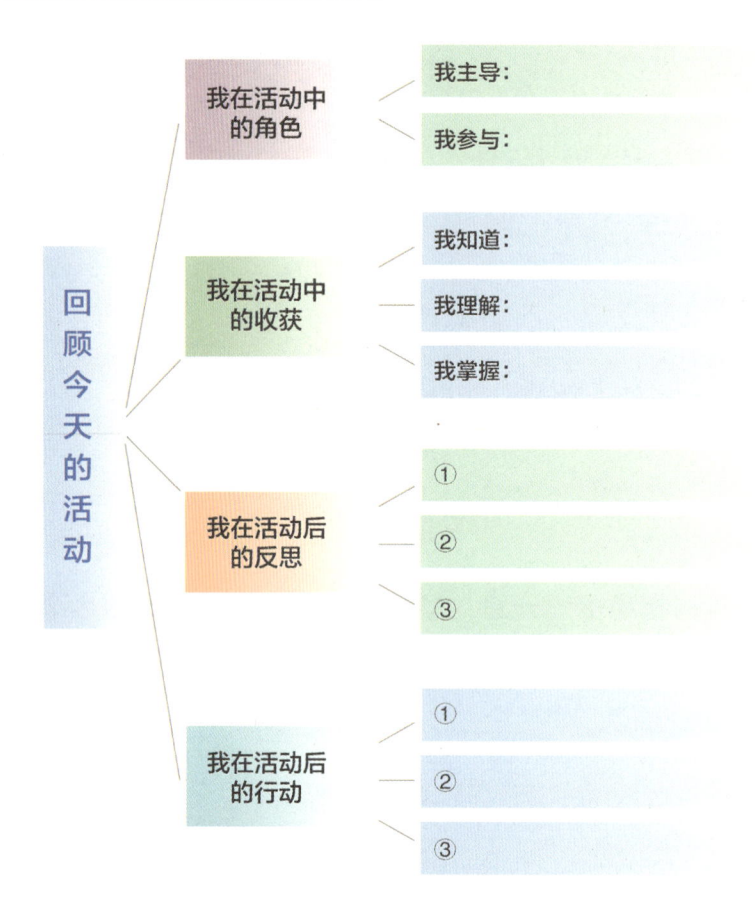

回顾今天的活动
- 我在活动中的角色
  - 我主导：
  - 我参与：
- 我在活动中的收获
  - 我知道：
  - 我理解：
  - 我掌握：
- 我在活动后的反思
  - ①
  - ②
  - ③
- 我在活动后的行动
  - ①
  - ②
  - ③

活动延伸

◆ 想

1. 案例思考

2010年7月的一天，某县一名14岁初中一年级学生，因为吸食毒品而死亡。事发当时，该学生口吐白沫倒在地上，不停抽搐，神志不清，其家人慌忙拨打了120急救电话。到医院后，医生诊断结果为吸毒过量。经过几个小时的紧急抢救，依然没能留住该学生的生命。

当地县公安局民警来到医院为该学生做尿检，证明其不久前曾吸食毒品K粉，同时医院也鉴定该学生死因是过量吸食K粉导致呼吸循环衰竭。这是该县第一例未成年人因吸毒导致死亡的案例。

1. 阅读上述案例后，请同学们谈谈自己的想法。

2. 老师组织学生到附近戒毒所参观，请同学们写出自己参观后的感受。

3. 观看中国禁毒网的禁毒宣传片《大凉山的记忆》，并谈谈自己的感受。

社会参与能力

活动 7　帮助他人，快乐自己

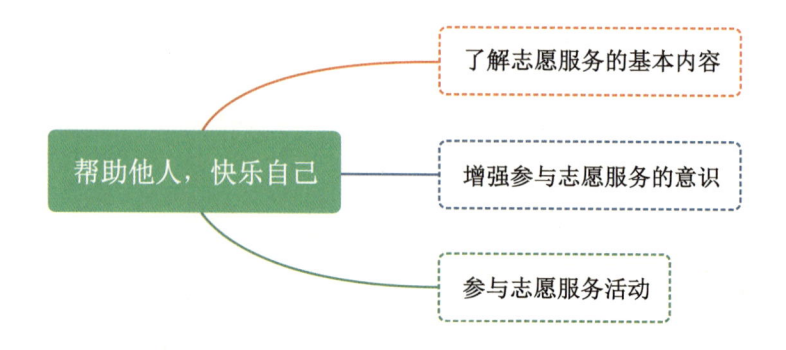

```
帮助他人，快乐自己 ── 了解志愿服务的基本内容
                  ── 增强参与志愿服务的意识
                  ── 参与志愿服务活动
```

活动目标

1. 认识志愿服务的基本内容。
2. 提高参与公益事业的意识。
3. 积极投身志愿服务活动。

活动探究

情境导入

2018 年 9 月的一天，马旭和老伴在家乡教育部门相关人员的陪同下，到银行转账第一笔 300 万元捐赠款。由于老人年事已高，转账金额太大，银行工作人员担心老人遭受电信诈骗便报了警。正是因为这个美丽的误会，大家才得知马旭为家乡捐赠巨款的感人故事。

马旭和老伴离休后，长期过着节俭的日子。然而，他们坚持用几十年时间，从牙缝里节约下每一分钱，加上两人的科研成果奖励，最终凑成 1000 万元巨款，全部捐赠给家乡的教育事业。

经了解，马旭是中国第一代女空降兵。"少小离家，乡音无改，曾经勇冠巾帼，如今再让世人惊叹。以点滴积蓄汇成大河，灌溉一世的乡愁。你毕生节俭，只为一次奢侈。耐得清贫，守得心灵的高贵。"——马旭当选"感动中国"2018年度人物时的颁奖词。

2019年7月，马旭老人成为第七届世界军人运动会志愿者。年过八旬的她依然热心公益事业，默默奉献。

学生思考

你对情境中马旭老人的事迹有何感想？

知识探究

在中国，儒家"仁者爱人"、墨家"兼爱非攻"、道家"积德行善"，这些都说明中华民族自古以来就倡导乐善好施的美德。公益活动、救灾抢险、扶弱助残、赈济贫困……志愿服务精神中彰显了自我牺牲的品格、高度的责任感和奉献敬业的境界。志愿服务精神是雷锋精神的延续和传承，是现代社会文明进步的重要标志。参与志愿服务是将服务国家、奉献社会与个人生活、成长相结合，是个人融入社会、参与社会，培养团队合作精神、爱心，丰富生活体验的重要途径。"赠人玫瑰，手有余香。"奉献给社会的不仅仅是无私付出，更是给全社会传递"奉献、友爱、互助、进步"的正能量。

《志愿服务条例》已经2017年6月7日国务院第175次常务会议通过，自2017年12月1日起施行。自《志愿服务条例》实施以来，志愿服务组织不断发展，志愿者队伍快速壮大，志愿服务规范化水平不断提升，服务成效进一步凸显。2018年12月的统计数据显示，全国志愿服务组织已超过1.2万家，在全国志愿服务信息系统实名注册登记的志愿者已经超过1亿人，全国志愿服务信息系统中记录的志愿服务时间累计达12亿小时，社会贡献超过180亿元。

社会参与能力

作为中职学生,要善于利用自己所学的专业知识和技能积极参与志愿服务活动;要传承雷锋文化,践行雷锋精神,提升自己的志愿服务理念;也可以在自己力所能及的范围内参加灾害救助、救济贫困、爱护卫生、保护环境、建设社会公共设施、扶助残疾人等活动,在促进社会进步的同时也让自己更快融入社会,为自己成长成才打好基础。

活动体验

说

全班分成几个小组,分别查阅雷锋和郭明义的故事,说一说他们有哪些平凡而伟大的事迹。

动

根据《中华人民共和国献血法》和《献血者健康检查要求》(GB 18467—2011),以班级为单位,组织本班年满18周岁的同学参与自愿献血活动(国家提倡18~55周岁的健康公民自愿献血)。

动

1. 利用所学专业参与一次社区志愿服务活动,如电子技术专业的同学可以帮忙维修小家电,会计专业的同学可以教老人识别假币,烹饪专业的同学可以演示烹饪技术并讲解烹饪技巧等。

2. 组织同学到敬老院开展慰问活动,如帮助老年人打扫整理房间,跟老年人聊聊天,陪他们到院子里晒晒太阳等。

活动回顾

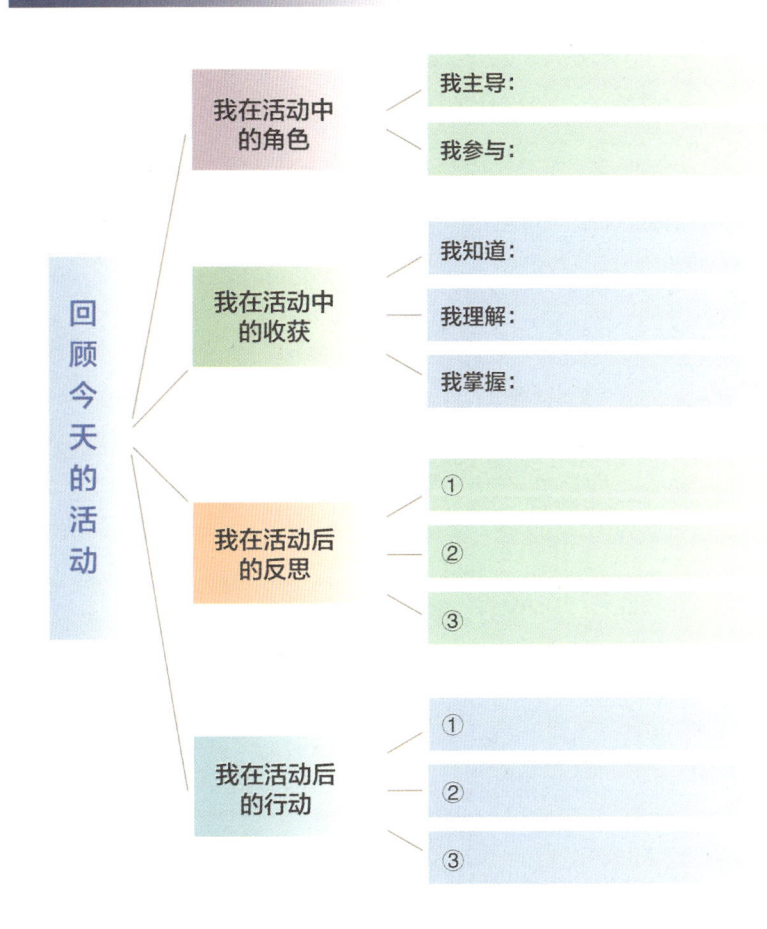

回顾今天的活动
- 我在活动中的角色
  - 我主导：
  - 我参与：
- 我在活动中的收获
  - 我知道：
  - 我理解：
  - 我掌握：
- 我在活动后的反思
  - ①
  - ②
  - ③
- 我在活动后的行动
  - ①
  - ②
  - ③

活动延伸

◆动

1. 在老师的指导下查找"志愿中国"平台，点击"注册"选项，实名注册成为一名中国志愿者，并请同学们谈谈自己的想法。

社会参与能力

2. 在老师指导下，请同学们查找民政部指定的慈善组织互联网募捐信息平台，自愿开展"一元捐"活动，开始同学们自己的公益事业，践行社会责任，并谈一谈自己的感想。

活动 8　工作认真，人生更精彩

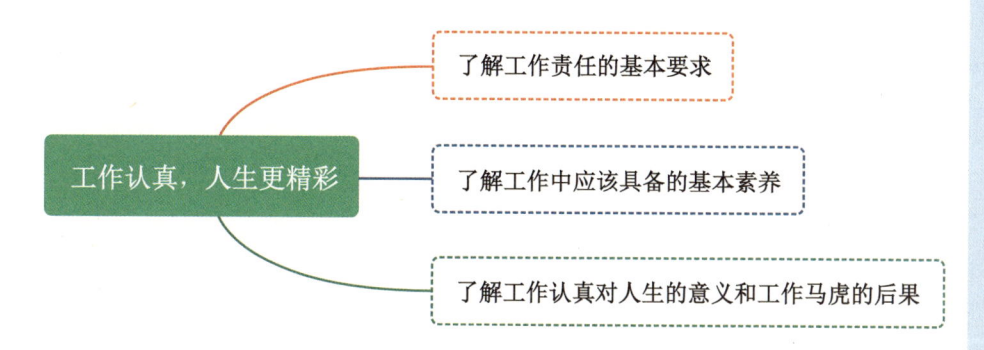

- 工作认真，人生更精彩
  - 了解工作责任的基本要求
  - 了解工作中应该具备的基本素养
  - 了解工作认真对人生的意义和工作马虎的后果

活动目标

1. 认识工作单位对个人人生的重要意义。
2. 树立热爱工作、珍惜工作的情怀。
3. 树立未来工作的责任意识和担当精神。

活动探究

情境导入

20世纪80年代，因为民用飞机项目下马，大部分产业工人转岗，当时风华正茂的钣金工王伟不得不告别上海飞机制造厂。临走时，他带上了一块废弃的金属板。他说："实际上我心里一直想我们国家哪天有我们自己的飞机造嘛。我离开了，但是有时候回家还要练练那个基本功。"

离开工厂后，王伟干过很多工作，后来开货运出租车，但空余时间，他经常用木槌敲打当初从厂里带回家的金属板。"我这颗心永远坚守着我要回来造我们祖国的大飞机这个梦想。"王伟说。

2006年，我国自主设计制造大飞机再次被列入日程，货运出租生意做得顺风顺水的王伟闻讯后立刻报名。

社会参与能力

王伟说:"岁月阻挡不了我回来的心。我们中国人一定要托起我们中国大飞机的饭碗。"

离开工厂近二十年后,王伟终于回来了。这意味着年近 40 岁的王伟得放弃每月五六千元收入的货运工作,到飞机制造厂先当三个月的试用工,试用期月工资只有 1000 元。面对全新的标准和任务,试用不合格还有可能被辞退。

每天清晨,王伟总是第一个来到钣金车间,似乎他从未离开过这里,他只专注于一件事——钣金工作,外面的喧嚣与他无关。

中国自主制造的大飞机 C919 的零部件,除了舱体型材更加坚硬外,舱门下部还有一道轻微的弧线变化。这个变化用肉眼很难看出来,舱门的加工误差要求在 0.25mm 以内,这是机械加工无法做到的,只能用手工敲打出来。

王伟在"造我们祖国的大飞机"的使命和责任驱使下,日复一日、年复一年地用心用情敲打,从不管拿多少工资,也不顾年轻人对他年龄大的质疑。当王伟把这种弧变敲到 1mm 的 9%,实现大飞机精美弧线时,他终于用行动证明了自己手里的钣金锤可以称为"中国第一锤"。

学生思考

离开飞机制造厂后的王伟为什么还继续在家里练习基本功?支撑他梦想的是什么?

知识探究

工作是每个成年人的基本生存、生活基础，是我们自食其力和养家糊口的前提条件，是个人价值、尊严和社会地位的展示与提升平台。虽然工作也许是日复一日的简单重复，但是否用心工作，是否对工作负责，工作成效会大不一样，个人得到的回报也有很大的差距。善待工作，对工作负责应该成为每个人的基本修养和品质。

工作责任的基本要求：（1）遵守宪法和法律；（2）维护国家和单位的安全、荣誉及利益；（3）团结同事，接受他人监督；（4）爱岗敬业，执行上级决定，按照操作程序履行职责，保证工作质量和效率；（5）遵守保密制度；（6）遵守劳动纪律，遵守职业道德、社会公德和家庭美德；（7）清正廉洁，公道正派。

工作中应该养成的几个重要素养：

（1）守时践诺。时间就是效率，时间就是金钱，时间就是生命。"一诺千金"，工作上答应的事一定要按质量要求、按时间要求完成。守时践诺，是职场重要素养之一，更是一个人的优秀品质之一。面试迟到、开会迟到、上班迟到早退、约会迟到，答应的事没有回应或拖拖拉拉，等等，这些不仅影响职业生涯，还会影响一个人在他人心目中的形象，甚至久而久之就会成为一种不良品格。守时是践行诺言的基本形式，是诚信的标志，也是优秀员工必备的良好习惯。

（2）认真不马虎。坚持不懈的认真，是很多人取得成就的法宝。马克思花了 40 年写出《资本论》，李时珍用 27 年写成中国医药学巨著《本草纲目》。

马虎大意是人生的敌人，也是工作的大敌。汽车修理工一个螺丝没有拧好，就可能导致交通事故；搅拌机操作工一次大意，有可能造成严重意外伤害而成为残疾人；数控机操作人员一不小心，不仅会让产品成为废品，还可能让几千上万元的数控刀具报废。

（3）找方法而不找借口。当我们在工作中遇到问题时，很多人不是找方法，而是找借口。只要有意去找，借口无所不在："我太忙了，把这事忘记了"，"这里工作条件太差了，所以我完不成任务"，"我的同事不配合我，影响了我的工作"，"路上堵车，所以我上班迟到了"，等等。工作不愿负责者必有千难万难，工作用心负责者自有千方百计。钱学森没有嫌弃中国技术太落后条件太差，才有了中国的原子弹、导弹和航天事业。大国工匠王伟，没有把自己年纪太大作为借口，才有了纯手工打造的精美弧线，让中国大飞机惊艳蓝天。在工作中当我们遇到问题时，就要开动脑筋，认真思考，或向师傅、长者请教，或向书本学习，或在实践中一步一步地探索，直到解决问题，而不是为自己找借口。

活动体验

看

请同学们在老师的指导下观看视频《许振超：新时代的工匠》。

找

将全班同学分成5组，分别从网上找一找，对如下问题开展分析讨论：

（1）许振超对待工作岗位的态度有什么特点？
（2）许振超的工作责任上有什么特点？
（3）许振超是如何找到解决问题的方法的？
（4）许振超处理同事关系有什么特点？
（5）从许振超身上学到了什么？

讲

各组派代表（每个问题派一个代表）进行总结发言。

评

各组另派一位代表对其他组开展评议（主要从归纳概括是否全面正确、表达是否清楚、思路是否有条理等方面进行评分）。

活动 8

组号：

序号	内容	是否全面正确（60分）	表达是否清楚（20分）	思路是否有条理（20分）	总得分
1	许振超对待工作岗位的特点				
2	许振超工作责任的特点				
3	许振超对待学习的特点				
4	许振超对待同事关系的特点				
5	从许振超身上学到了什么				

备注：为了确保评分的公平性和准确性，每次针对一个问题进行一轮发言，发言完毕即进行评分，各组针对每一个问题进行发言的最后得分为4位评分代表的平均分，总得分为5个问题的平均得分。

活动回顾

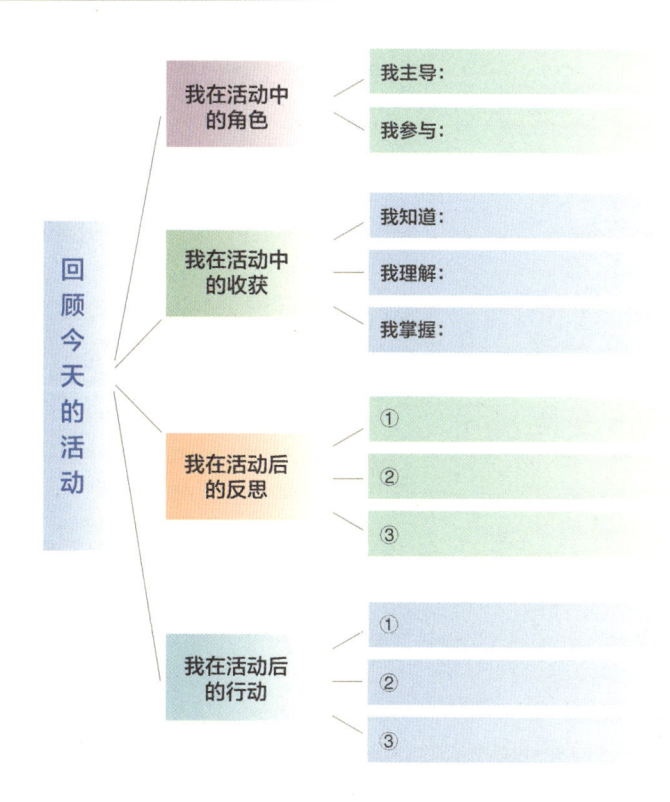

回顾今天的活动
- 我在活动中的角色
  - 我主导：
  - 我参与：
- 我在活动中的收获
  - 我知道：
  - 我理解：
  - 我掌握：
- 我在活动后的反思
  - ①
  - ②
  - ③
- 我在活动后的行动
  - ①
  - ②
  - ③

041

活动延伸

想

1. 阅读推荐《善待你所在的单位》。

请同学们阅读后,写下自己的感受。

2. 阅读推荐《一颗钉子、一张地图、一粒纽扣与三个帝国的灭亡》。

请同学们阅读后,写下自己的感想。

活动 9　大自然是人类的母亲和老师

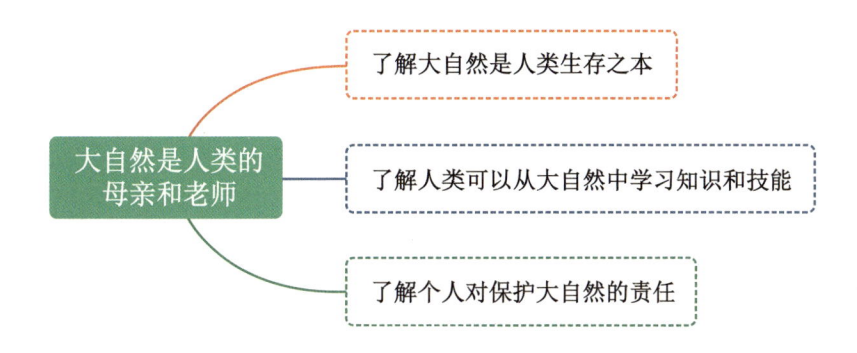

```
                  ┌─ 了解大自然是人类生存之本
大自然是人类的 ────┼─ 了解人类可以从大自然中学习知识和技能
母亲和老师         └─ 了解个人对保护大自然的责任
```

活动目标

1. 提高学生对人与自然和谐关系的认识。
2. 熟悉人类面临的生存环境危机。
3. 提高敬畏自然和保护自然环境的行动自觉。

活动探究

❋ 情境导入

2020年3月，四川省某村村民毛某在林区休息抽烟后，将没有完全熄灭的烟头丢在地上，引发森林大火，火灾面积2500余亩，直接经济损失32万余元，火烧地植被修复费需要166万余元。毛某被法院判定失火罪，判处有期徒刑3年6个月，并责令附带民事诉讼，即刑满释放后一年内按照林业部门的生态修复方案，对火灾烧毁区域进行人工修复，否则就要赔偿经济损失并支付植被修复费用总计198万余元。

社会参与能力

学生思考

毛某的行为给了我们什么启示?

知识探究

人和人类社会是自然界长期发展的产物,大自然是人类赖以生存的条件。

大自然是人类最好的老师。在大自然面前,人类能发挥主观能动性,通过向大自然学习或利用大自然规律,为人类谋福祉。

保护大自然人人有责:(1)不随地吐痰。(2)不乱扔垃圾,垃圾分类投放。(3)不滥砍滥伐。(4)节约用纸或其他文具用品。(5)尽量避免使用一次性物品。(6)节俭、健康饮食,严禁捕杀或食用野生动物。(7)随手关灯、关电、关水,使用节能灯替代普通灯泡。(8)种植农作物或苗木应施用有机肥料。(9)少开或不开空调,夏天开空调不低于26℃。(10)尽量以步代车或骑自行车。

活动体验

看

分五个小组,各组选出组长,在老师的指导下分别从以下五个方面查阅人类面临的生存危机,了解各种危机的现状、危害和应对之策。要求提供国内外的相关数据、图片或视频。

(1)土地荒漠化组。(2)水资源枯竭组。(3)能源危机组。

（4）温室效应组。（5）白色污染组。

演

组长以本小组搜集的资料和图片或视频为素材，上台演讲2~3分钟，只讲现状。

讲

各组其他同学分别讲危害和应对之策。

评

各组另派一位代表对其他组开展评议（主要从归纳概括是否全面正确、表达是否清楚、思路是否有条理等方面进行评分）。

组号：

序号	内容	是否全面正确（60分）	表达是否清楚（20分）	思路是否有条理（20分）	总得分
1	土地荒漠化组				
2	水资源枯竭组				
3	能源危机组				
4	温室效应组				
5	白色污染组				

备注：为了确保评分的公平性和准确性，每次针对一个问题进行一轮发言，发言完毕即进行比较评分，各组每一个问题最后得分为4位评分代表的平均分，总得分为5个问题的平均得分。

唱

全班合唱歌曲《我爱大自然》。

社会参与能力

活动回顾

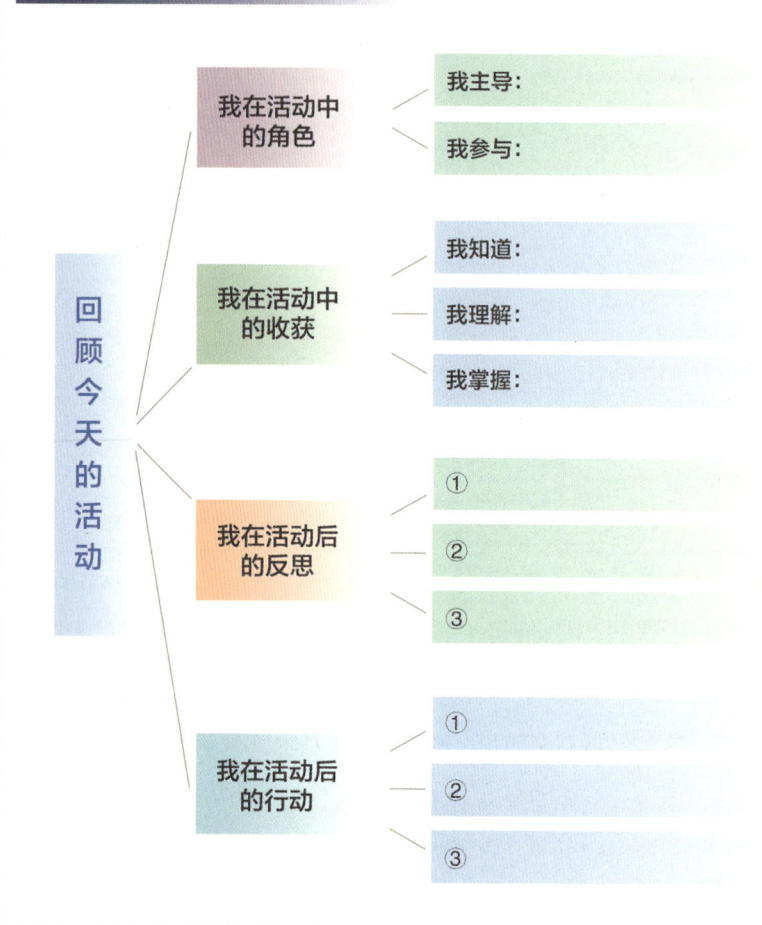

回顾今天的活动
- 我在活动中的角色
  - 我主导：
  - 我参与：
- 我在活动中的收获
  - 我知道：
  - 我理解：
  - 我掌握：
- 我在活动后的反思
  - ①
  - ②
  - ③
- 我在活动后的行动
  - ①
  - ②
  - ③

活动延伸

◆ 想

请同学们观看视频《大自然在说话》，并写出内心感受。

046

动

在老师带领下，分小组利用周末到当地江、河、湖岸开展捡拾白色垃圾活动，或在校园开展清理卫生死角、捡拾垃圾活动。

写出活动后的感想。

社会参与能力

活动 10 人类与野生动物是朋友

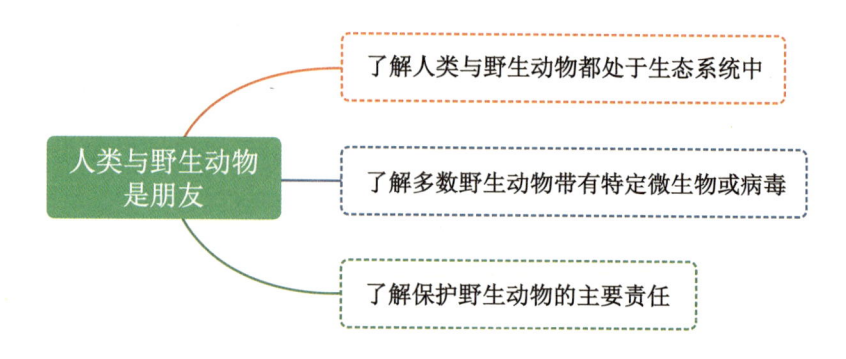

- 人类与野生动物是朋友
  - 了解人类与野生动物都处于生态系统中
  - 了解多数野生动物带有特定微生物或病毒
  - 了解保护野生动物的主要责任

活动目标

1. 提高学生维护生态平衡的意识。
2. 增强保护野生动物的自觉性。
3. 认识杀害或食用野生动物的责任与危害。

活动探究

情境导入

2018 年 3 月以来，江西的李某多次突然间就意识不清、口吐白沫、晕倒、肢体抽搐及无力，曾两次被诊断为脑梗死。后来到广州治疗，经过手术，发现了一条白色的长条状活虫在他的颅内蠕动。最后，医生从他颅内取出了一条长达 11 厘米的裂头蚴。为什么他脑子里会长虫子呢？原来 20 多年前，他曾在朋友怂恿下生吃蛇胆，可能因此感染了寄生虫。无独有偶，浙江也有一位年仅 28 岁的小伙子，早在 16 年前开始出现头晕、癫痫等症状，一直查不出原因。后经诊断，他的部分脑组织已被寄生虫"吃掉"，其损伤不可逆转。脑部长虫子的原因也是他父亲认为吃蛇胆可以明目、防病毒，在他 7~12 岁时每年让他吃一个蛇胆。

裂头蚴主要寄生在青蛙、蛇等野生动物体内，人吃这些野生动物，就有可能让它进入人体中与人一起成长，同时慢慢危害人体健康，当它长到一定程度后就会严重危害人的身体健康。

学生思考

看了以上事例，你有何感想？

知识探究

2020年3月，中国科学家在南海首次发现一个约3米长的鲸落。当鲸在海洋中即将死去时，它会选择深海区将自己的尸体沉入海底，生物学家将这一过程称为"鲸落"。一座鲸落可以供给海洋生物食物长达百年。在北太平洋深海里，鲸落维持了几十个种类万余种生物体的生存，大大促进了深海生命的繁荣，所以说"一头鲸的死亡，造就了一个深海生态系统"。

陆地生态中，微生物从土壤中释放的氮、磷、钾等成为植物成长的营养，植物成长后又成为食草动物的营养，肉食性动物吃食草动物长大，昆虫等小动物和微生物以各种动植物的残体为营养来源。久而久之，一个区域的生物和环境、生物与生物之间，形成相对稳定的体系。

大自然中，人类与野生动物是平等的关系，各自在自身的种群中自由生活，才会相安无事，且野生动物的生态平衡守护着人类的健康。例如，黄鼠狼吃老鼠，控制了老鼠的数量，减少人类感染鼠疫的机会；蝙蝠吃蚊子和一些有害昆虫，控制其繁殖数量，减少了人类遭蚊子传染疾病的机会，也让植物减少病虫害；穿山甲吃蚂蚁和白蚁，控制其繁殖数量，让更多植物免受白蚁伤害，而茂盛的植物又为人类提供更多新鲜空气。如果对野生动物任意宰杀并食用，就可能会给人类带来祸害。因为野生动物是在复杂的大自然环境中生活、成长的，它们往往是寄生虫、细菌和病毒的"大本营"。例如，老鼠身上有跳蚤、蜱螨，会传播鼠疫、出血热等50多种人畜共患病；蝙蝠虽然小，却是百余种病毒的天然宿主。而且，有些病毒可以潜伏在人体中几十年，危害健康，还很难找出发病原因。

保护野生动物的主要责任：（1）保护野生动物和野生动物栖息地；（2）严禁猎捕、杀害国家重点保护野生动物；（3）严禁出售、购买、利用国家重点保护野生动物及其制品；（4）严禁食用陆生野生动物；（5）违反《野生动物保护法》规定的，承担相应行政或法律责任。

除家养畜禽外，其余野生动物是不可食用的。为此，农业农村部公布了经国务院批准的《国家畜禽遗传资源目录》（以下简称《目录》），首次明确了33种家养畜禽种类：

传统畜禽17种，分别为猪、普通牛、瘤牛、水牛、牦牛、大额牛、绵羊、山羊、马、驴、骆驼、兔、鸡、鸭、鹅、鸽、鹌鹑。

特种畜禽16种，分别为梅花鹿、马鹿、驯鹿、羊驼、火鸡、珍珠鸡、雉鸡、鹧鸪、番鸭、绿头鸭、鸵鸟、鸸鹋、水貂（非食用）、银狐（非食用）、北极狐（非食用）、貉（非食用）。

《目录》属于畜禽养殖的正面清单，列入目录的，按照《中华人民共和国畜牧法》管理。

活动体验

看

学生分为5个组，各组选出组长，在老师的指导下查阅资料，找出以下问题的相关答案，要求提供数据、图片或视频资料。

（1）野生动物种类组：分为哪些种类？包括哪些品种？

（2）野生动物病毒组：主要的野生动物携带病毒情况。

（3）濒危野生动物组：了解目前濒危野生动物情况。

（4）禁食野生动物法规组：我国各地对于捕杀、食用、贩卖野生动物的惩罚规定。

（5）伤害野生动物典型案例组：通过典型案例说明违反《野生动物保护法》的责任。

演

各小组派代表演示和讲解。

考

通过查阅相关资料后作答。

下列9种动物中哪些是可以食用或不可食用的？在对应格子内画√。

动物种类	可食用	不可食用	备注
狗			
青蛙			
蛇			
竹鼠			
龙虾			
乌龟			
甲鱼			
中华鲟			
鲸			

社会参与能力

活动回顾

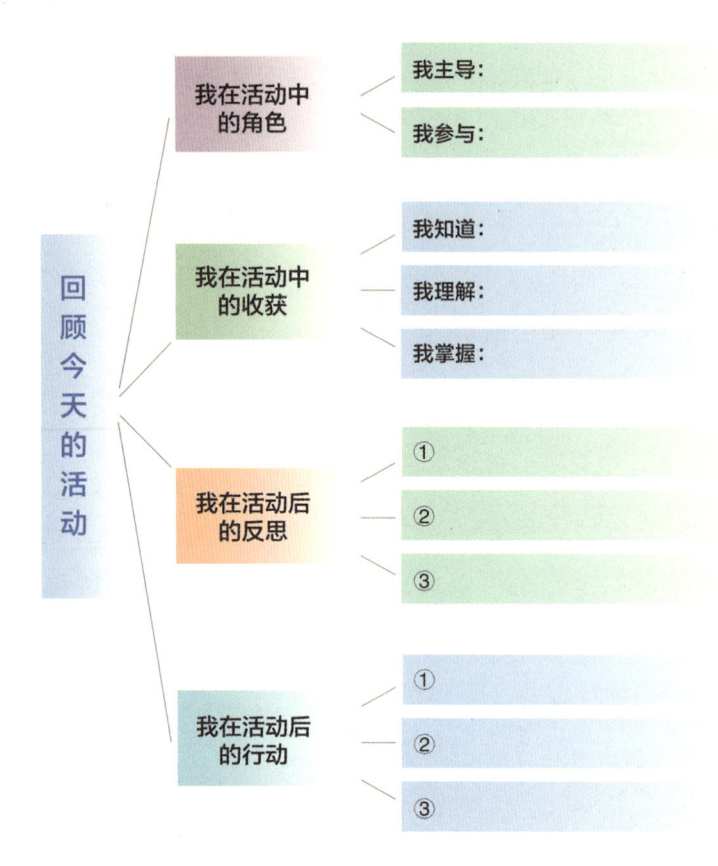

回顾今天的活动
- 我在活动中的角色
  - 我主导：
  - 我参与：
- 我在活动中的收获
  - 我知道：
  - 我理解：
  - 我掌握：
- 我在活动后的反思
  - ①
  - ②
  - ③
- 我在活动后的行动
  - ①
  - ②
  - ③

活动延伸

写

1. 查看并阅读文章《人类与野生动物应该如何相处》，写出自己的感受。

052

2. 在老师的指导下观看保护野生动物的相关视频，记录你喜欢的一句话。

活动 11　我和我的祖国一刻也不能分开

```
                          ┌─ 了解我和祖国是密不可分的关系
   我和我的祖国一刻也不能分开 ─┤
                          └─ 了解作为普通人应该如何热爱祖国
```

活动目标

1. 掌握个人与祖国的相互依赖关系。
2. 懂得作为普通人如何去热爱祖国。
3. 提升国家责任担当精神。

活动探究

情境导入

爱国将领吉鸿昌在美国期间，饱受民族歧视，有人给他出主意：你说自己是日本人，就可以受到礼遇。吉鸿昌大怒，说："你觉得当中国人丢脸，我觉得当中国人光荣！"为显示自己是中国人，他做了一个木制胸卡，用英文写上"我是中国人"，而且随身佩戴，彰显中国人的尊严，向种族歧视者挑战。后来当国民党反动派要杀害他时，他大义凛然，并写下了"恨不抗日死，留作今日羞。国破尚如此，我何惜此头！"的诗句，慷慨赴死。

学生思考

吉鸿昌将军的事迹对你有何启发?

知识探究

  我们从小衣食无忧地生活、自由地学习、自由地呼吸、自由地睡觉、想去哪儿就去哪儿,对此似乎习以为常,理所当然,但这一切都是因为有强大的祖国。你可知道,在祖国积贫积弱、落后挨打的兵荒马乱年代里,中国老百姓多数人是吃了这一顿没有下一餐,睡觉可能被炮火惊醒,多少人在流离失所中如惊弓之鸟般地生活。其实,当今的世界并不太平,只是因为我们生活在一个和平的国家,所以我们可以享受太平的生活。没有国就没有家,没有家,就没有你我他。我和祖国相互依赖,永远分不开。一方面,我离不开祖国,我的生存与发展总是需要祖国提供各种条件和环境;另一方面,祖国也离不开我们每一个人,没有无数的个人,也就没有国家。正是无数的革命先烈前赴后继、英勇牺牲,才建立了人民当家做主的新中国;正是每个人努力奋斗,才推动着国家的发展并取得今天巨大的成就。祖国的繁荣昌盛,就是我们自己和家人美好生活的最大依靠,所以我们要热爱自己的祖国。

  爱国是什么呢?是岳飞的"精忠报国",文天祥的"人生自古谁无死,留取丹心照汗青";是夏明翰的"砍头不要紧,只要主义真。杀了夏明翰,还有后来人";是石油工人王进喜的"宁可少活二十年,拼命也要拿下大油田";是雷锋同志的钉子精神和"出差一千里,好事做了一火车"；也是2020年千千万万的医务工作者"白衣执甲、逆行出征"；同时还有千千万万忙碌在全国各个社区的志愿者、保洁员、快递员、民警等，正是他们对国家社会的责任心，让我们"宅"在家中仍然有衣食保障；当然还包括我们每一个响应号召，待在家里，不给社会"添乱"的人。每个中国人都了不起，大家都用行动告诉所有人，当国家需要的时候，用坚守岗位、听从指挥诠释责任担当，彰显对国家的热爱。因此，爱国从大的方面说的是维护国家安全、制度、尊严等，从小的方面说则是学生好好学习，父母爱护子女，子女孝敬长辈，农民四季耕耘，工人在工厂挥洒汗水，军人勤练杀敌本领……每个人在各自的位置或岗位尽职尽责也是最好的爱国。

爱国不是要问祖国给了我什么，而是要经常问自己"我给祖国做了什么""我参与建设的祖国是不是比以前更强大"。

活动体验

看

在老师的指导下观看爱国主义教育短视频。

比

全班分成6组，各组查阅和选择一篇爱国诗歌，以小组为单位集体朗诵。

评

每个小组推选一位同学担任活动评审员，组成评审组，分别对其他5个小组的表现进行评分。

序号	内容	是否全面正确 （60 分）	表达是否清楚 （20 分）	思路是否有条理 （20 分）	总得分
1	第一组				
2	第二组				
3	第三组				
4	第四组				
5	第五组				

唱

全班合唱歌曲《我和我的祖国》。

活动回顾

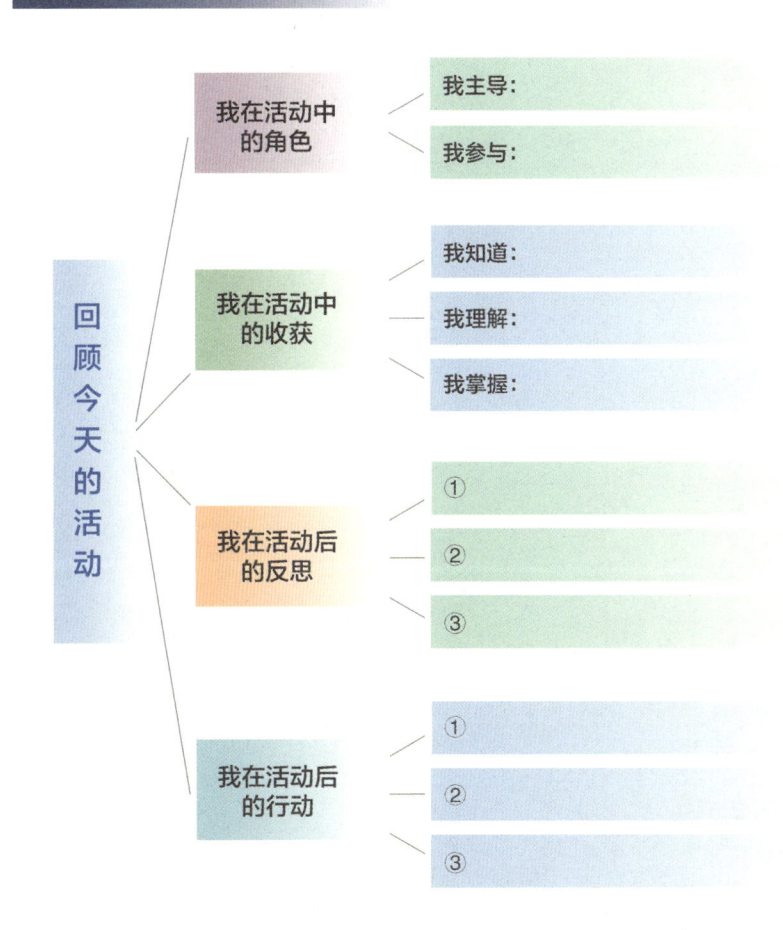

回顾今天的活动
- 我在活动中的角色
  - 我主导：
  - 我参与：
- 我在活动中的收获
  - 我知道：
  - 我理解：
  - 我掌握：
- 我在活动后的反思
  - ①
  - ②
  - ③
- 我在活动后的行动
  - ①
  - ②
  - ③

活动延伸

◆ 写

1. 观看电影《上甘岭》,谈谈自己的感想。

2. 找一找普通人的爱国故事,谈谈自己的感想。

活动 12　平凡劳动成就人生梦想

平凡劳动成就人生梦想
— 了解劳动对人生的作用
— 学习劳动成就梦想的典型人物

活动目标

1. 理解劳动的意义。
2. 增强劳动自觉。
3. 自主体会劳动的快乐。

活动探究

情境导入

克洛克家庭贫困，下课后经常在一家快餐店打工。最初老板给他安排擦桌子的工作，他干得毫无兴趣、抱怨不断。

克洛克回家向父亲诉苦："我要做老板，不要擦桌子。"父亲没有批评他，而是让他拿来毛巾擦拭自家餐桌。他随意擦了一遍，等待着父亲验收。

父亲拿着一块白色毛巾，在餐桌上轻轻擦拭，洁白的毛巾瞬间变黑。父亲微笑着说："孩子，擦桌子虽然非常容易，但是你连擦桌子都很马虎，还能做好其他事情吗？凭什么当老板？"克洛克羞愧反思。

克洛克重新回到了快餐店，他深刻记住父亲的教诲，每次擦桌子都同时准备多条毛巾，依次按着同一个方向擦拭多遍，为的就是让桌面时刻保持干净，不重复污染。最终，克洛克得到老板赏识，留下并接管了快餐店。10年后，他创立了自己的快餐店，再过10年后，他把这个品牌的快餐店开到了世界上许多国家和地区。

学生思考

他是如何劳动的？他的成功与劳动有关系吗？

知识探究

劳动创造了人类，劳动创造了文明，劳动创造了历史，劳动创造了人们的幸福生活，劳动创造未来。无论是"嫦娥奔月"，还是"蛟龙潜海"；无论是工厂美轮美奂的产品，还是农村的颗粒归仓；无论是餐馆美味，还是家庭佳肴……这一切的一切都是劳动的成果。不管是体力劳动还是脑力劳动，不管是简单劳动还是复杂劳动，一切为国家和社会的进步做出贡献的劳动都应该得到尊重和赞美。没有汗水，就没有收获；没有劳动参与，就没有健康快乐；没有勤劳不辍，就没有美好生活。"劳动最光荣、劳动最崇高、劳动最伟大、劳动最美丽。"

现代社会，劳动不再是简单的谋生手段，而是实现人生价值、梦想的重要途径。袁隆平日复一日在田地间劳作与实践研究，即使在偏僻的湖南怀化山区的一所职业中专学校，他也能研究出杂交水稻，最终成为"杂交水稻之父"。"我不在家，就在试验田；不在试验田，就在去试验田的路上。"这是他常说的一句话。年近90岁的他，每年冬天都会到三亚基地，整天在田埂上工作，动作犹如年轻人，就是为了实现"禾下乘凉梦"。

劳动是幸福的源泉，美好生活需要靠劳动充分激发热情与创造潜能。残疾人张伟潜心钻研皮雕技能，在困难中熟练完成钱包、皮带、挂件等各种精美的皮具制作。他将皮雕与绵竹年画有机融合，受到了消费者的喜爱。为了扩大销售,他还开起了网店,其制作的皮具远销欧美市场。张伟用勤奋劳动实现自身价值,为自己创造美好生活。

劳动既平凡又伟大,把劳动当成一种状态、一种毅力,更是一种胸怀。国家最高科学技术奖获得者屠呦呦被称为"三无教授"(没有博士学位、没有海外留学背景、没有院士光环),她总是说自己只是平凡的植物化学研究人员。在经历190次失败之后才提取出治疗疟疾的青蒿素,这种药品成了有效降低疟疾死亡率的新武器。这项发现也使年满85岁的她,成为中国第一个获得自然科学领域诺贝尔奖的医学工作者。她在日复一日的工作中,享受着劳动的快乐,她也因劳动而美丽,成为世人敬仰的人。

活动体验

看

观看劳动最美丽相关视频。

说

分组:根据班级人数情况,自主搭配分组。

各组同学在老师的指导下查阅劳动重要性的故事资料,并熟练总结成2个小故事,每组选择1位同学讲述并分享学习体会。

看

每组搜集一段跟劳动有关的舞蹈动作,并由1位同学分享感受。

活动提示:大凉山彝族有模拟劳动的舞蹈,如《插秧舞》《洋芋舞》《荞子舞》等。

◆ 演

每组同学上台表演搜集的劳动舞蹈动作，并由1位同学分享舞蹈体会。

◆ 讲

各组同学以"我劳动我美丽"为主题，准备2分钟演讲，演讲后每组由2位同学分享学习体会。

◆ 评

每组推选1位同学担任活动评审员，组成评审组，分别对各小组的表现进行评分，同时评选出2位最佳同学和2个最佳小组，最后由2位同学进行点评。

活动回顾

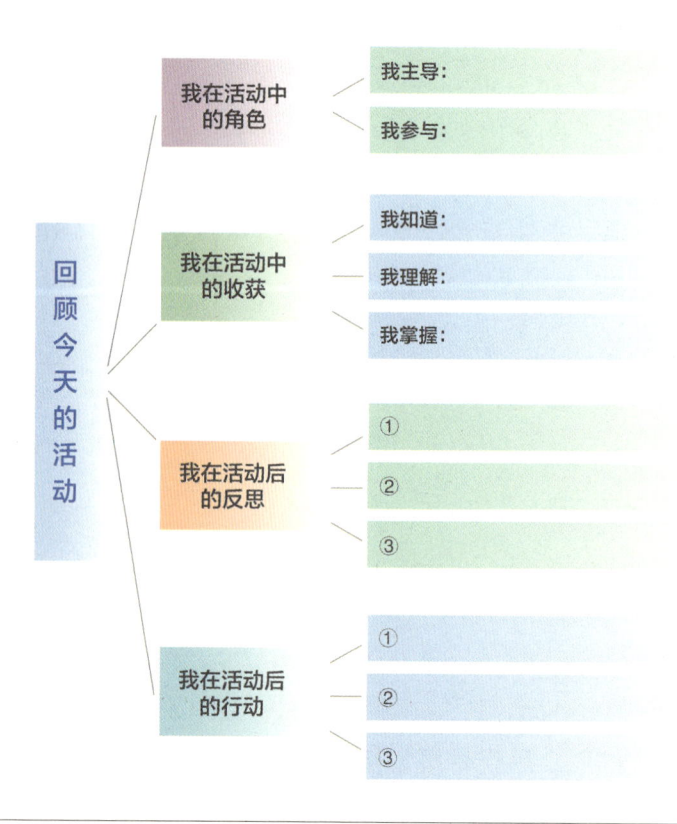

回顾今天的活动
- 我在活动中的角色
  - 我主导：
  - 我参与：
- 我在活动中的收获
  - 我知道：
  - 我理解：
  - 我掌握：
- 我在活动后的反思
  - ①
  - ②
  - ③
- 我在活动后的行动
  - ①
  - ②
  - ③

活动延伸

写

1. 收集名人劳动故事。

同学们收集到哪些名人爱劳动的故事？对你有什么启示？

2. 周恩来总理曾对外国朋友说："新中国有两大奇迹，一个是南京长江大桥，一个是林县红旗渠。"不同的是，南京长江大桥的建设是举全国之力，而"红旗渠是英雄的林县人民用两只手修成的"！外国人说："红旗渠是世界第八大奇迹。"在老师的指导下查找红旗渠的故事，写下自己的感受。

社会参与能力

活动 13　我劳动我健康

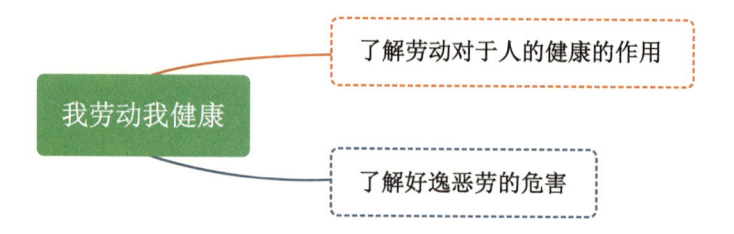

我劳动我健康 ── 了解劳动对于人的健康的作用

我劳动我健康 ── 了解好逸恶劳的危害

活动目标

1. 理解劳动与健康的关系。
2. 增强劳动促进健康的意识。
3. 掌握有助于健康的劳动技能。

活动探究

情境导入

平时的体育运动或玩耍，锻炼的大多是大肌肉动作的协调能力；而做家务劳动时，锻炼的是精细动作，也就是我们说的小肌肉。小肌肉灵活协调与否，直接影响握笔写字等操作，比如有些人写字经常会出格、潦草、字太小或者字太大、歪歪扭扭，这些都可以通过家务劳动如切菜、削皮来锻炼。

再比如打鸡蛋时要注意：顺时针，把握好力度、节奏，来回上下地搅拌。这其实就是在锻炼手部的控制能力。从小能够较好地准确地控制自己手部的动作，对于平时写字、做操，以及一些和手有关的活动，都会有所助益。

学生思考

案例中的劳动与健康有哪些关系?

知识探究

在许多劳动过程中,如扫地、擦玻璃、搬物品等,都需要体力与技巧、技能等多种手段相结合,使身体发育良好,身体各部分相对匀称,动作更加灵活有力。研究表明,暑假参加集体活动尤其是参加劳动的学生,整个学期间身体发育更加突出,而且也善于在其他劳动和体育运动中驾驭全身的活动。同时研究者也注意到,让学生手脑并用,不让学生做单调动作,可以防止因疲乏而变得迟钝。

在较冷的天气里从事体力劳动,不仅可以预防伤风感冒,而且可以使神经系统与心脏快速得到平衡,这对于神经敏感、易受刺激的学生具有良好的作用。每个人在一天的紧张学习之后,若能再劳动半个小时,进行一些重复的体力作业,如用铲子整理土地、施肥浇水等劳动,这种劳动就像"充电宝"一样,对于神经系统和心脏是十分有益的。

当代年轻人大多都爱玩手机而缺乏运动,饮食营养丰富,导致体内脂肪堆积。劳动是消耗多余脂肪的最有效方法。许多人宁愿挨饿减肥,也不愿做力所能及的家务劳动。长此以往,自然健康状况下降,很多疾病不请自来。其实,当你静下心做家务劳动时,你会发现很多趣味。比如扫地迈舞步,擦地板双手向前学蛙跳,刷锅碗时运动下肢,锻炼身心与四肢协调关系等。

不论是在严冬还是盛夏,无论个人劳动还是集体劳动,通过体力劳动都能锻炼个人的意志品质。特别是在严冬,刺骨寒风刮得人喘不

社会参与能力

过气来，如仍然坚持劳动，劳动后虽然身体疲惫不堪，但心情却会愉快而又兴奋。但相对于个体劳动，集体劳动对塑造意志品质具有更佳效果。很多品质，如坚韧不拔、刚毅等不是单纯的肌肉紧张，而是比肌肉紧张要强得多的一股力量，是内在意志的冲动，是当双手看来已经无力而内心会迫使人去克服困难的一种无可比拟的心理状态。

体力劳动是达成有效休息的重要手段，可以调节智力发展以及思维、记忆、注意力、想象、情感和意志的活跃程度，提高学生学习效率，改善身体状况，促进身心和谐发展。

活动体验

分组：根据班级情况（人数）自主搭配分组。

写

各组同学填写表格，每组选择 1 位同学上台分享劳动类型与锻炼身体的部位及感受。

劳动类型	锻炼身体部位	锻炼感受
扫地		
擦玻璃		
整理书籍		
叠衣服		
（自行选择）		
（自行选择）		

辩

各组同学搜索"好逸恶劳"的典型小故事 2 个，每组选择 2 位同学上台讲述"好逸恶劳"小故事及其危害。

活动提示：

（1）**典型小故事**：搜索"好逸恶劳"成语由来与小故事，以及伊索寓言故事、周边社会热点等。

（2）危害：结合身边或自身案例讲解。

动

各组根据《健康歌》，模拟劳动中的正确动作与锻炼方法。

活动提示：

（1）在老师的指导下查看《健康歌》视频，跟着跳起来。

（2）选择与本专业结合的劳动动作，设计时需加入锻炼部位的动作，结合《健康歌》的节奏跳起来。

评

每个小组推选 1 位同学担任活动评审员，组成评审组，分别对以上各小组的表现进行评分，同时评选出 2 位最佳同学和 2 个最佳表现小组，最后由 2 位同学进行点评。

活动回顾

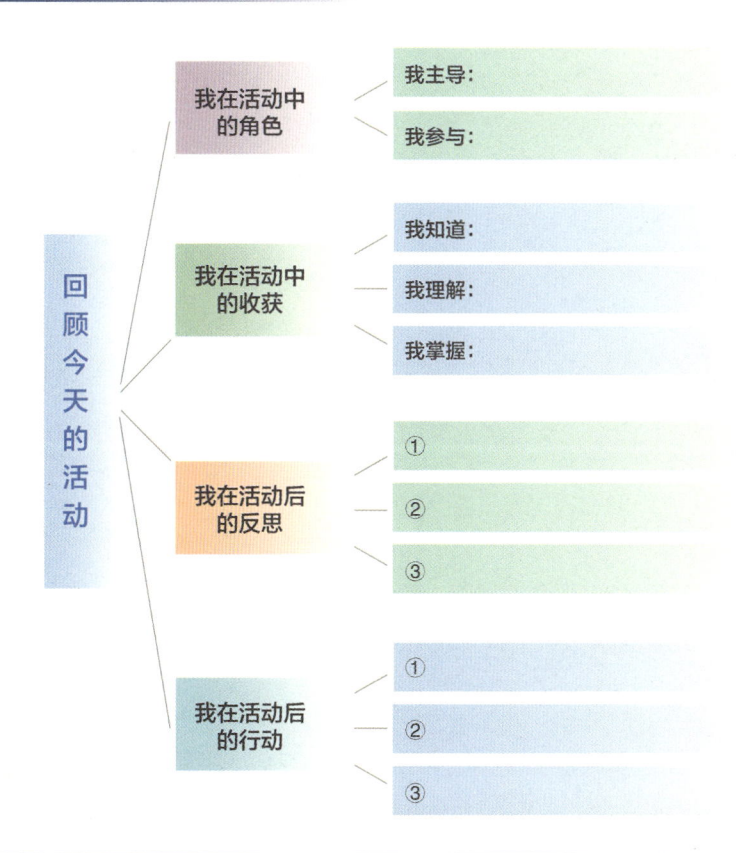

回顾今天的活动

- 我在活动中的角色
  - 我主导：
  - 我参与：
- 我在活动中的收获
  - 我知道：
  - 我理解：
  - 我掌握：
- 我在活动后的反思
  - ①
  - ②
  - ③
- 我在活动后的行动
  - ①
  - ②
  - ③

活动延伸

◆ 写

1. 视频推荐:《垃圾分类真的来了,文艺教学片手把手教你分类!》。

请同学们观看视频后,谈谈自身感受,并制作宿舍垃圾分类小计划。

2. 阅读推荐:《怦然心动的人生整理魔法》(译林出版社)。

请同学们阅读后,思考:收纳整理可以给人生带来哪些幸福?

活动 14 我劳动我智慧

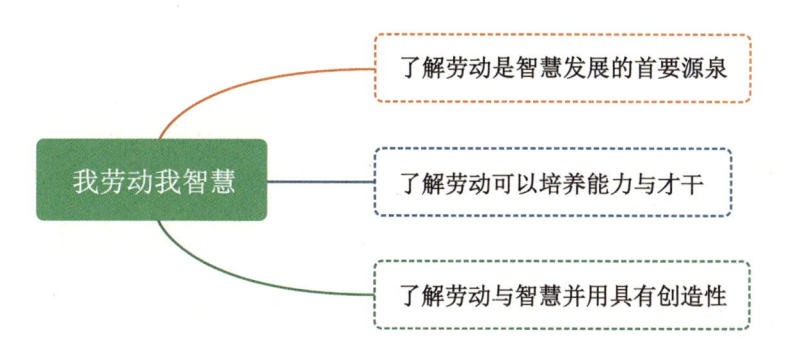

```
我劳动我智慧 ─── 了解劳动是智慧发展的首要源泉
           ─── 了解劳动可以培养能力与才干
           ─── 了解劳动与智慧并用具有创造性
```

活动目标

1. 理解劳动与智慧的关系。
2. 增强劳动促进智慧的意识。
3. 自主体验劳动促进智慧成长的方法。

活动探究

情境导入

湖南省商业技师学院机电工程系学生在学院空闲土地上挖土种菜，开办了校园微农场——行知农场，成为该系历届学生的劳动实践活动基地，学生从中深刻体验劳动的快乐和生活的乐趣，而且可以真切感悟"谁知盘中餐，粒粒皆辛苦"。该农场既可以让学生初步了解春种、夏耕、秋收、冬藏等农耕知识，又可以让他们在实践操作中增强珍惜土地的意识，养成爱劳动、尊重他人劳动成果的好习惯，有效培养了学生的动手、观察、辨别、表达、合作等多方面能力和强烈的责任心。

社会参与能力

🌀 学生思考

你认为校园微农场的劳动能锻炼我们的聪明才干吗？

✳ 知识探究

敦煌拥有世界艺术史上夺目的明珠"莫高窟"。莫高窟的"千佛洞"拥有 4.5 万平方米的精美佛教壁画与典雅优美的佛教雕塑 2415 尊，有着"东方卢浮宫"的美誉。莫高窟南北洞穴上下排列如蜂房，最多可达五层，大气壮观。莫高窟内的藏经洞，整理出了古代文物五万余件。这些都充分体现劳动与智慧的结合。

手与大脑神经的关系十分紧密，通过手部肌肉群的运动，可以开发大脑、延缓大脑衰老。因此，劳动是激发智慧最重要的刺激之一。在平凡电力岗位上工作的农电管理员徐建峰，通过自己的劳动与智慧，3 年内获得了电力类国家专利 4 项。

劳动可以让我们互相帮助与合作，一起完成有挑战性的劳动项目，并在劳动中锻炼自己的能力与才干。苏霍姆林斯基创办的学校，不仅有实习工场，还有果园、麦地、绿色实验室。学生能够使用各种工具，制作房子模型、风力发电站模型、脱粒机模型、扬谷机模型等 30 多种模型。他鼓励学生在劳动中思考，培养自身能力、兴趣与才干。

长时间从事某项体力劳动很容易让人感到乏味无趣，因此，我们尽量赋予体力劳动以一定的创造意图或研究目的，燃起自我的求知欲，用劳动促进积极研究与努力思考，不断丰富现有的智慧。大发明家爱迪生一生有 1000 多项发明，被大家称赞为天才，而天才的背后是 99% 的付出与 1% 的灵感，这些发明是靠他千百次重复动手劳动而成的。所以说，极强的动手能力和敏锐的创新意识，是爱迪生获取创造力最宝贵的智慧资源。

活动体验

搜

全班分成若干小组，各组同学搜集适合简易栽培蔬菜、鲜花的技巧（包括图片与相关视频），每组派1位同学上台分享具体的种植技巧与方法。购买蔬菜种子，用一个小瓶子进行栽培，1个月后一起分组展示。

讲

各组选派1位同学上台讲述"劳动创造智慧"，可从技术、兴趣、创造力等方面阐述。

活动提示：
（1）技术关键词：_____
（2）兴趣关键词：_____
（3）创造关键词：_____

动

各组开展"志愿者义卖、爱心助农"项目，可以重点发挥专业优势与自身才干，把自己的种植（设计）产品思路向其他组进行推广。

活动提示：
（1）可结合家乡特色农产品进行推广方案设计。
（2）结合专业进行义卖活动（助农推广方案）设计与构思，机械专业可以结合机械设计，烹饪专业可以结合美食制作，财经商务类专业可以结合品牌、网络销售，媒体美术类专业结合创意设计、新媒体传播等。

社会参与能力

◆ 评

每个小组推选 1 位同学担任活动评审员，组成评审组，分别对以上各小组的表现进行评分，同时评选出 2 位最佳同学和 2 组最佳方案，最后由 2 位同学进行点评。

活动回顾

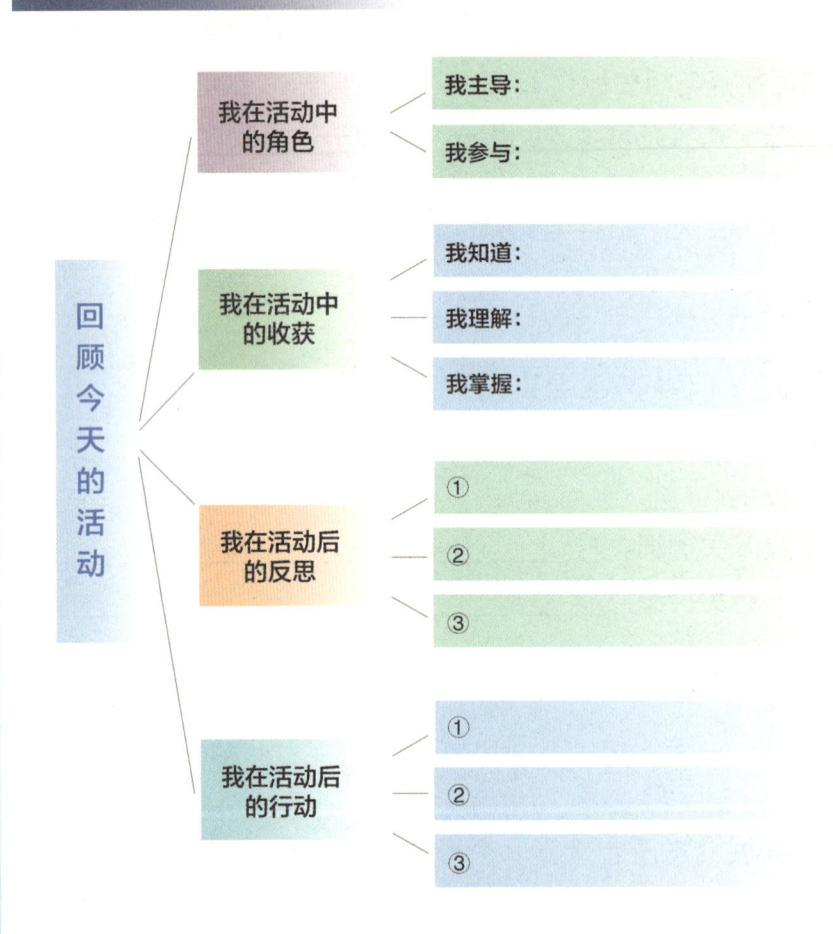

回顾今天的活动
- 我在活动中的角色
  - 我主导：
  - 我参与：
- 我在活动中的收获
  - 我知道：
  - 我理解：
  - 我掌握：
- 我在活动后的反思
  - ①
  - ②
  - ③
- 我在活动后的行动
  - ①
  - ②
  - ③

活动延伸

写

请同学们观看新闻：中职生张昕网上开店卖菜的故事。

思考：中职生张昕网上开店卖菜的故事给我们什么启示？我们该做些什么？

社会参与能力

活动 15　凡事匠心，做最好的自己

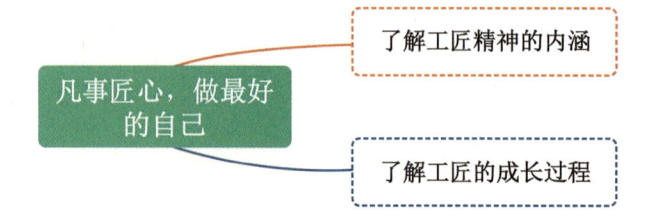

```
凡事匠心，做最好     ── 了解工匠精神的内涵
     的自己         ── 了解工匠的成长过程
```

活动目标

1. 理解工匠精神的内涵与关键词。
2. 增强工匠精神意识。
3. 自主实践工匠精神内涵。

活动探究

✦ 情境导入

中职学校毕业后，邹彬完成了从砌筑工到世界技能大赛优胜奖得主，再到省人大代表、全国人大代表的转变。对于 20 出头的年轻小伙来说，变化让人出乎意料、万分幸运。但是了解邹彬后，你会发现一切好运的背后并非没有原因，这些原因都藏在他对待每一次工作的细心、努力与永不言弃的执着追求。

"成为一名砌筑工，我不能只把它当成一份谋生职业，而是应该尽我所能去做到最好。我希望我砌的每一堵墙都是高品质的。"邹彬说。

"尽我所能"这个简单的词汇，在邹彬身上结出了胜利果实。为了砌好一面墙，他会把墙面反复推倒重砌，直到自己满意为止。看到别人砌得好的墙面，他还积极主动请教。在一块块砖和一面面墙的砌合中，邹彬实现技艺突破。经他之手砌的墙，砖面清澈、不沾水泥。

"打灰、垂直度、平整度等都是很基础的东西，这些内容却容易被忽视。把基础性的工作做好，把每个细节做好，我认为这就是'工匠精神'。"邹彬说。

邹彬不断进步的技艺被无数成绩所证实。2014年，邹彬获得"超英杯"技能大赛砌筑项目青年组第一名，并以第一名的成绩获得第43届世界技能大赛砌筑项目全国赛选手资格。2015年，邹彬参加巴西第43届世界技能大赛，荣获砌筑项目的优胜奖，实现了该项目在中国代表队上零的突破。秉持"工匠精神"砌墙的邹彬，一步一步成为大家眼中的"大国工匠"。

邹彬的努力，使他成为当年最年轻的全国人大代表，邹彬把自己的"工匠精神"带到了履职过程中，认真参与每一次调研，认真撰写每一份提案。

学生思考

在"90后"的邹彬身上，你看到什么？

知识探究

爱岗敬业是基于劳动者对职业的尊敬与热爱而产生的一种认真投入、爱岗尽责的职业精神态度。中铁大桥局公司经理藕长洪，因工程项目人工缺乏，加班赶工伤到左眼角，医生要求他留院查看，而他却打完消炎针，赶回工地继续带病工作。家里婚房装修仅陪妻子买了几套灯具，女儿生病住院也因为工程项目第一次混凝土浇筑而选择了坚守岗位。

精益求精是劳动者对每件产品、每道工序都追求极致与卓越的职业品德。工匠不惜耗费大量的时间与精力，反复改良产品，努力把产品的质量从99%提升到99.99%，无限趋近完美。德国制造就是产品品质典型代表，他们的生产制造企业，提倡专精某一领域，不盲目扩大规模，力求将产品做到最佳最强。

心无旁骛是专注，是一门心思扎根技术，几十年如一日的耐心与执着。大国工匠大部分有专攻领域，在一个专项产品上不断重复积累技能，成为各自领域的佼佼者。胡双钱仅利用自己的双手与传统铣钻床，1小时内能在大飞机零件上钻出精度要求相当于人头发直径的36个孔；面对制作的零件不论是简单还是复杂，他都要反复检查数遍，直到"零瑕疵"。胡双钱连续12年被企业评选为"质量信得过岗位"，36年中产品合格率100%，从无返工。

创新突破，就要追求技术的突破与革新，不断创新技术内涵。"工匠精神"强调工匠的坚持、专注，把匠心融入产品的每个环节，但同时不拘泥于传统，在追求卓越中勇于创新与突破。高凤林在工作中不断化腐朽为神奇，无数次把不可能变为可能。某型号发动机组件，生产合格率仅为35%，半年内需要拿出大批量合格产品，该产品采用软钎焊加工方式，并不是高凤林擅长的熔焊专业，这是一次跨界攻关。在理论层面，他去图书馆，用尽各种方法上网搜寻国内外相关技术资料；在实践层面，他每天在狭窄的操作间反复试验，两个月内带领组员完成上百次改良，最终使该产品的合格率提升到90%。

团队精神主要集中体现在新时代的工匠精神传承中，尤其注重团队合作的价值。现代工匠与传统工匠的差异，在于新时代工匠从事的制造方式不再是手工作坊，而是大机器生产制造，他所承担的工作也许仅是众多工序中的微小部分，团队合作则是工匠素质的综合体现。例如，中国高铁复兴号列车，一列车厢生产制造需要三万七千多道工序，不可能全部由一个人完成，必须由车间班组通过团队力量综合完成。

活动体验

全班分成几个组,完成以下活动。

说

每组同学在老师的指导下查找"大国工匠"的故事(可结合专业),由 1 位同学分享小组的学习体会。

写

各组同学搜集"我身边的小工匠"图片或视频,并通过投影设备进行播放(解释),撰写体会。

活动提示:
(1)请大家找到工匠精神中的 1 个或多个关键词;
(2)发现身边同学的优点并进行拍照与采访;
(3)每组派 1 位同学分享搜集素材过程中的体会。

演

以"我身边的工匠精神"为主题,自编自演 1 个情景剧,演出结束后由两位同学分享扮演体会。

活动提示:
(1)依据搜集的素材改编情景剧;
(2)每组派 1~2 位同学上台表演;
(3)选 2 位观看或表演的同学发言。

社会参与能力

◆ 讲

各组同学根据大国工匠与身边小工匠故事，以"我的工匠梦"为主题，准备1分钟演讲，演讲后由两位同学分享学习体会。

活动提示：

（1）演讲内容要结合大国工匠与身边小工匠的特质；

（2）每组派1位同学上台演讲。

◆ 评

每个小组推选1位同学担任活动评审员，组成评审组，分别对以上各小组的表现进行评分，同时评选出2位最佳同学和2个最佳小组，最后由2位同学进行点评。

活动回顾

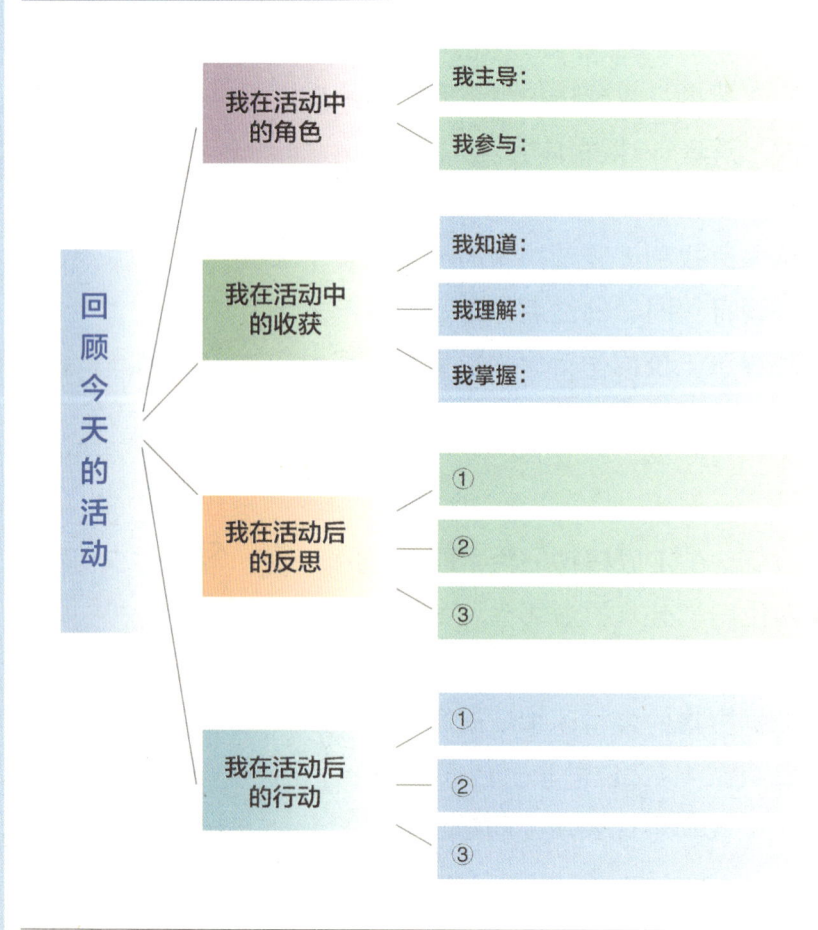

回顾今天的活动
- 我在活动中的角色
  - 我主导：
  - 我参与：
- 我在活动中的收获
  - 我知道：
  - 我理解：
  - 我掌握：
- 我在活动后的反思
  - ①
  - ②
  - ③
- 我在活动后的行动
  - ①
  - ②
  - ③

活动延伸

◆想

1. 阅读推荐:《匠人匠心》(中信出版社)。

请同学们在阅读后思考:书中提到的匠心中哪些最值得实践?

2. 视频推荐:《大国工匠》。

请同学们在观看视频后思考:大国工匠的哪些精神最让你感动?

活动 16　劳模精神，争创一流

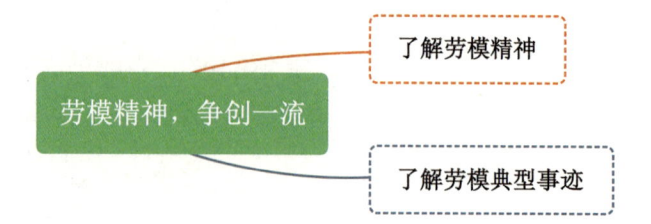

```
                    ┌─── 了解劳模精神
劳模精神，争创一流 ──┤
                    └─── 了解劳模典型事迹
```

活动目标

1. 理解劳模精神的内涵。
2. 增强向劳模学习的意识。
3. 自主实践劳模精神。

活动探究

情境导入

"五一"国际劳动节小长假，当同龄人外出旅游或在家休息的时候，作为重庆市政协委员、全国劳模的"90后"女公交导乘服务员的柯艺，却坚持在站台上为来自全国各地的游客和市民服务了整整4天。

柯艺说："五一"本来就是劳动节，作为一线的公交人，"五一"坚守岗位为广大乘客服务，再苦再累都是自己应尽的本职。

柯艺原来是重庆市公交465路的一名售票员，2016年465路实行无人售票，为适应公交改革转型，柯艺主动请缨到西部公交公司新开通的旅游巴士线路T003，当上了导乘员。她的工作主要是销售乘车卡，同时为乘客提供沿途景点介绍、交通换乘等导乘咨询服务。

"五一"期间全国各地游客蜂拥而来，柯艺脸上始终带着阳光一般的微笑，娓娓道来、和蔼亲切，为乘客递上乘车卡、逐一回答游客各种各样的问题。整整半天的时间，柯艺和同事仅轮换休息了 2 次，其中一次还是为了整理仪容。她说：我们代表的不是自己，而是公交和城市形象，注重自己的形象，既是对乘客的尊敬，也是为城市形象打 Call。另一次休息就是午饭时间，食物只是几个小面包加一瓶矿泉水。为了抓紧时间为乘客服务，她和同事们都压缩了午餐的时间，饿了就吃点面包、喝点矿泉水。

柯艺和她的同事们每天兢兢业业地坚守在第一线，喊哑了嗓子站瘸了脚。柯艺说：这些都不算什么，作为一线公交职工，每条公交线路都有终点，而为乘客服务却无终点。

学生思考

"90 后"全国劳模柯艺的一天是怎样度过的？你有什么感受？

知识探究

劳模精神诠释在平凡岗位上做出不平凡业绩的劳动者，所坚持坚守坚定的基本信念、价值追求、人生境界及其展现出的整体精神风貌，它是新时代精神的生动表现。

劳模精神充分凸显了工匠精神中的爱岗敬业、精益求精、追求卓越的精神品格与价值取向，它是工匠精神的重要升华和丰富发展。湖南华菱湘潭钢铁有限公司的全国劳模艾爱国（2021 年被授予"七一"勋章），干焊工 51 年，被许多人称为"智力型工人""金牌蓝领"，他的想法却很朴素："当工人就要当个好工人。"中专毕业的他进厂做学徒时，焊接技术书籍缺乏，他千方百计到处借书，系统地学习了《焊接工艺学》《焊接技术》等几十本专业书籍，有时碰到焊条说明书也会收起来认真研究。后来觉得不仅要学好气焊，还要学会电焊，于是在没有面罩的状况下，拿一块黑玻璃观看师傅进行电焊操作，琢磨他们的操作要领，手和脸经常被弧光烤灼脱皮。等其他人下班后，艾爱国就借他们的焊把、焊罩，坚持苦练，经过几年努力，才终于熟练掌握了电焊技术。

劳模精神的重要因素与构成，包括岗位意识、拼搏进取精神、艰苦创业精神等，是对社会主义核心价值观的生动阐释和现实表达。时代楷模张黎明的口头禅就是"创新让工作更快乐"，在数不清的荣誉面前，他的创新步伐一刻也不停。研读科技读物、核心期刊，钻研人工智能前沿技术，在创新工作室殚精竭虑、不舍昼夜，经过数百个日夜的苦心钻研，最终完成了人工智能配网带电作业机器人的研发，在天津配网运行中成功完成操作 80 多次。双臂自主作业机器人、单臂人机协同作业机器人等系列产品也在山东、浙江等地投入应用，并在全国推广。

劳模精神体现了强烈的主人翁意识，劳模以车间、企业、国家为家，在本职工作中充分发挥积极主动性，艰苦奋斗、淡泊名利、甘于奉献，最终构成个人与国家融合发展的共同体。"共和国勋章"获得者，全国劳动模范申纪兰生长在"无土光石头，谁干也发愁"的太行山干石山区，劳动是她一生的信仰。荣誉和地位从来没有改变她对土地的热爱、对劳动的信仰。在西沟村，她一直保留着一块责任田。她说："自己不种地，哪能体会农民的苦！"她说："劳模不是当下的，是做下的。"她说："劳模劳模，不劳动还叫啥劳模！"她说："模范模范，就要吃苦在前。"

劳动者通过自身对劳动的感悟，生动展示劳模精神，收获劳动最可敬、最光荣、最崇高、最美丽的物质与精神财富。

活动体验

全班分成几个小组，完成以下活动。

◆ 说

各组同学在老师的指导下查找"劳动模范"的故事视频（可以结合自身专业找到相关行业的典型人物），并由1位同学分享小组的学习体会。

活动提示：
（1）关注与自身专业相关或喜爱的劳动模范；
（2）每组派1位同学上台讲述劳模的故事与学习感受。

◆ 写

各组同学根据劳模的故事，撰写自己心中的劳模精神。

活动提示：
（1）选择一位深受感动的劳模；
（2）提取关键词，撰写自己心中的劳模精神。

◆ 讲

各组同学以"劳模精神与工匠精神"为主题，准备1分钟演讲，演讲后由1位同学分享学习体会。

活动提示：
（1）演讲稿内容要求劳模精神与工匠精神结合；
（2）每组派1位同学上台讲述。

社会参与能力

◆ 演

以"我身边的小劳模"为主题,自编自演3分钟情景剧,演出后由1位同学分享扮演体会。

活动提示:

(1)选择劳模精神中的一个闪光点;

(2)每组派1位同学上台参与表演。

◆ 评

每个小组推选1位同学担任活动评审员,组成评审组,分别对以上各小组的表现进行评分,同时评选出2位最佳同学和2个最佳小组,最后由2位同学进行点评。

活动回顾

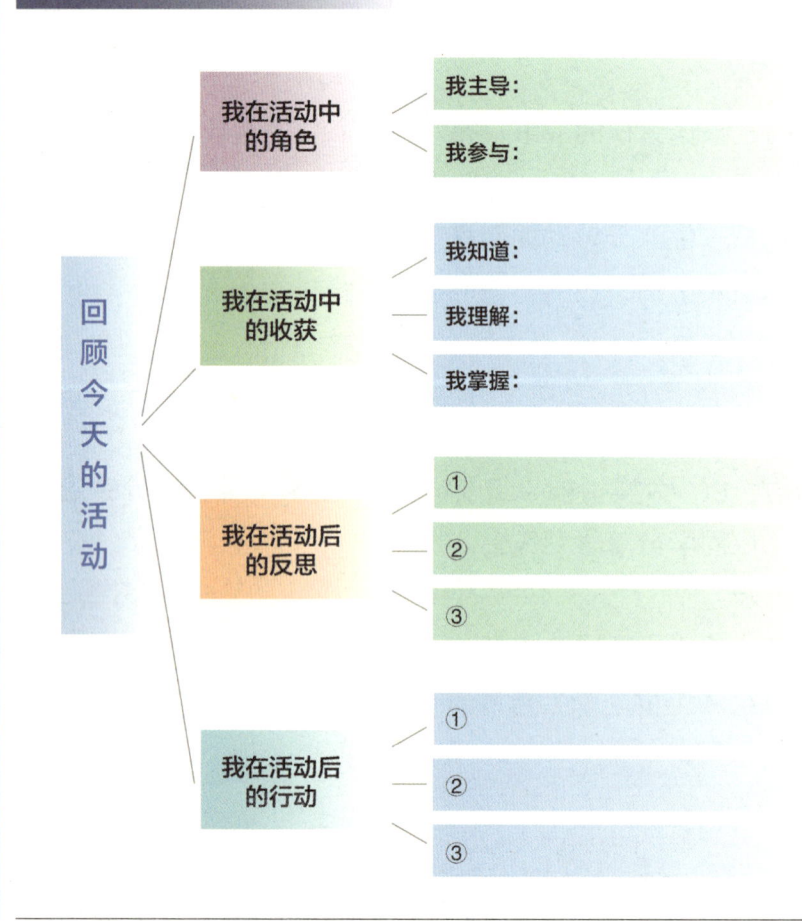

回顾今天的活动

- 我在活动中的角色
  - 我主导:
  - 我参与:
- 我在活动中的收获
  - 我知道:
  - 我理解:
  - 我掌握:
- 我在活动后的反思
  - ①
  - ②
  - ③
- 我在活动后的行动
  - ①
  - ②
  - ③

活动延伸

想

1. 歌曲推荐:《劳动畅想曲》。

请同学们欣赏歌曲后思考:你还能想到哪些与劳动有关的歌曲?

2. 视频推荐:《时代楷模》。

请同学们观看视频后,用一句话讲述最让你感动的时代楷模。

社会参与能力

活动 17　依法维护劳动者权益

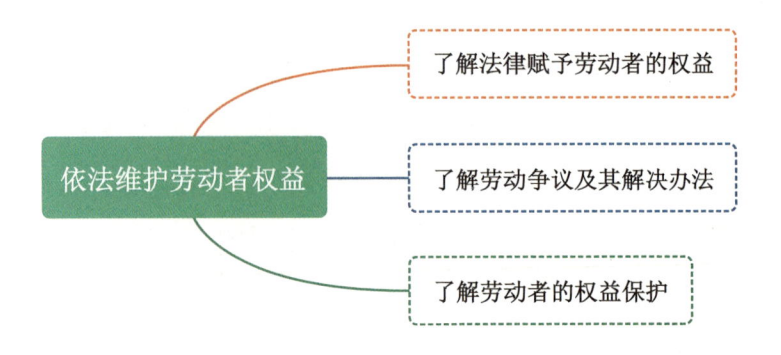

```
                          ┌─ 了解法律赋予劳动者的权益
   依法维护劳动者权益 ─────┼─ 了解劳动争议及其解决办法
                          └─ 了解劳动者的权益保护
```

活动目标

1. 认识劳动法赋予劳动者的权利。
2. 树立正确的就业择业观。
3. 增强劳动争议的处理能力。

活动探究

情境导入

曾有一起劳动争议案件。某金融理财公司在签劳动合同时，以"操盘费""押金""风险金"等名目，要求求职者交纳费用后才能与公司建立劳动关系。李某因求职心切，再加上高额月薪的诱惑，向该公司交纳了 6000 元后与该公司签订劳动合同。但是，李某入职后发现，公司承诺的高额月薪是以根本无法完成的业绩为前提的，其每月仅能拿到 2000 元保底工资。在与该公司就离职和退还入职交纳的费用协商未果后，李某发出了解除劳动合同通知书，并申请劳动仲裁，要求该公司返还上述费用。仲裁委员会依据相关规定支持了李某的请求。此后，该公司不服又上诉到法院，法院最终维持了仲裁裁决结果。

学生思考

你身边有亲戚或者朋友遭遇过求职被骗吗？劳动合同签订过程中暗藏哪些风险？被辞退时是否有经济补偿……这些关于劳动权益的问题你都清楚吗？

知识探究

1. 劳动者权益

劳动权（广义）：是以就业权为核心的，与就业权相关的其他各种权利的总称。劳动者在劳动关系中的各项权利，主要有以下几个方面：

（1）平等就业和选择职业的权利。

（2）取得劳动报酬的权利。

（3）休息休假的权利。

（4）获得劳动安全卫生保护的权利。

（5）接受职业技能培训的权利。

（6）享受社会保险和福利的权利。

（7）提请劳动争议处理的权利。

（8）法律规定的其他劳动权利。

2. 劳动争议

劳动争议：是指劳动关系的当事人之间因执行劳动法律、法规和履行劳动合同而发生的纠纷，即劳动者与所在单位之间因劳动关系中的权利义务而发生的纠纷。

常见的侵害劳动者权益的行为有：

（1）用人单位不依法为劳动者缴纳"五险一金"或未及时、足额缴纳"五险一金"。

（2）试用期的违法行为。

（3）不依法签订或续订劳动合同。

（4）劳动合同中存在不合法约定。

（5）滥用竞业限制条款。

3. 劳动争议的解决方式

《劳动法》第十章劳动争议明确了劳动争议的解决方式，例如：

用人单位与劳动者发生劳动争议，当事人可以依法申请调解、仲裁、提起诉讼，也可以协商解决。

调解原则适用于仲裁和诉讼程序。

解决劳动争议，应当根据合法、公正、及时处理的原则，依法维护劳动争议当事人的合法权益。

劳动争议发生后，当事人可以向本单位劳动争议调解委员会申请调解；调解不成，当事人一方要求仲裁的，可以向劳动争议仲裁委员会申请仲裁。当事人一方也可以直接向劳动争议仲裁委员会申请仲裁。对仲裁裁决不服的，可以向人民法院提起诉讼。

活动体验

看

在老师的指导下观看视频：劳动争议维权相关案例分析。

说

下列两个案例片段分别侵犯了劳动者什么权益？请简单分析。

案例一：一日王女士在招聘网站上看到某公司的"厨房学徒"招聘，即使任职资格符合要求，对方依然以性别为由，多次拒绝录用，甚至把网页招聘信息更改为只招男性。

案例二：张某与一个煤矿签订为期5年的劳动合同，同时张某被要求书面承诺"因本人原因，在合同期内不愿用人单位为我缴纳社会保险，要求用人单位在发工资时一并发给我，并保证自行依法缴纳"。除工伤保险外，煤矿未给张某办理其余社会保险。工作 5

个月后，张某申请辞职被拒绝，张某诉至法院要求解除劳动合同，判令煤矿支付经济补偿金。

想

在以下案例中，三位主人公的哪些权益受到了侵害？

案例三：小张、小刘、小李毕业后在不同单位工作，但都遇到了一些问题。小张说："我们公司的工作量太大，每天要加班3~4个小时才能完成任务，而且节假日也要求加班，却没有加班费。"小刘说："我们工厂环境嘈杂，环境很恶劣。我们希望厂里发放劳动安全防护用品来改善劳动条件，但是厂长拒绝了。"小李说："我们公司只给老职工办理社会保险，工作不满三年，不给我们办理保险。"

小张准备跟公司领导商量一下。小刘则多次向公司反映要求解决问题，但公司都予以拒绝，因此小刘决定和同事采取报复行动，准备把老板的机器烧坏。小李则准备向法院提起诉讼，要求法院保护自己合法权利。

人物	受侵害的权益
小张	
小刘	
小李	

讨论：案例三中的小张、小刘和小李三人，你比较赞同谁的做法？为什么？工作中面对合法权益被侵害应该怎么做？

社会参与能力

活动回顾

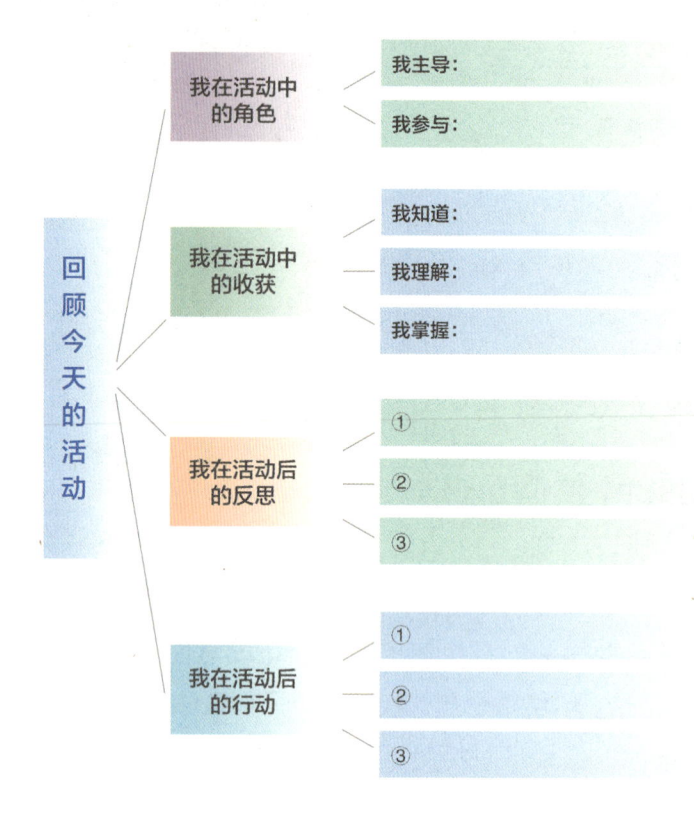

回顾今天的活动
- 我在活动中的角色
  - 我主导：
  - 我参与：
- 我在活动中的收获
  - 我知道：
  - 我理解：
  - 我掌握：
- 我在活动后的反思
  - ①
  - ②
  - ③
- 我在活动后的行动
  - ①
  - ②
  - ③

活动延伸

想

1. 请同学们查找和了解"五险一金"的相关知识。

2. 阅读推荐：《中华人民共和国劳动法》。

请同学们记录《中华人民共和国劳动法》中对自己影响深远的内容（3条以上）。

社会参与能力

活动 18　高高兴兴上班来，平平安安回家去

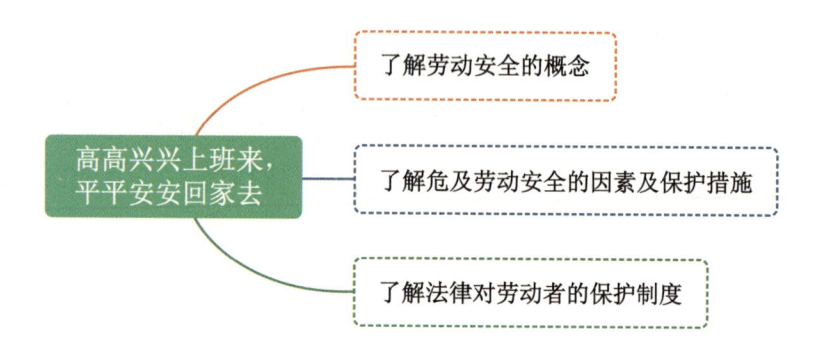

```
高高兴兴上班来，      ── 了解劳动安全的概念
平平安安回家去  ────── 了解危及劳动安全的因素及保护措施
                    ── 了解法律对劳动者的保护制度
```

活动目标

1. 掌握劳动安全相关知识。
2. 树立安全劳动意识。
3. 筑牢安全防线，养成良好的职业素养。

活动探究

✺ 情境导入

2010 年 11 月 15 日，上海市某教师公寓正在进行外墙整体节能保温改造，下午两点多大楼中部发生火灾并迅速蔓延，最终包围并烧毁了整栋大厦。虽然消防部门全力进行救援，火灾仍持续了 4 个小时 15 分才被扑灭，最终导致 58 人在火灾中遇难，71 人受伤。

上海 "11.15" 特大火灾事故是一起责任事故。事故是由无证电焊工违章操作引起的，两名没有特种作业人员资格证的焊工违章进行电焊作业，而且在违规操作引起大火后逃离现场。施工作业现场管理混乱，安全防护措施不达标⋯⋯

学生思考

一个飞溅的电焊金属熔融物为何引发整栋大楼起火？

知识探究

劳动安全，又称职业安全，是劳动者享有的在职业劳动中人身安全获得保障、免受职业伤害的权利。在生产劳动过程中，要防止中毒、车祸、触电、塌陷、爆炸、火灾、坠落、机械外伤等危及劳动者人身安全的事故发生。安全是人类生存与发展的最基本要求，是生命与健康的基本保障。安全生产是保护劳动者安全健康、保证国民经济持续发展的基本条件。

不同行业应对劳动安全的方式有所不同。例如，危险化学品行业，对大型油气储备罐区、基地、码头和油气管道等高危险区要扎实定期进行安全风险隐患排查，考虑低温、雨雪、冰冻等不利因素，做好防冻、防凝、防火、防爆、防静电等工作。对煤矿行业，要杜绝超能力、超强度、超定员生产等违法违规行为，落实煤矿水、火、瓦斯、冲击地压等重大灾害防治措施。对公共安全，要排查城市桥梁结构安全情况、防撞护栏等安全设施和桥梁限重限高标识情况，对不符合标准规范要求的要彻底整改。对冶金行业，要严格对钢铁企业煤气安全专项治理情况进行验收，深入排查治理设备外包安装施工、皮带通廊通风设施的安全隐患，确保设施安全运转。

活动体验

◆ 看

搜集观看劳动安全警示教育相关的视频、文章。

◆ 写

你知道你所学专业在安全生产方面有哪些标准吗？请查阅相关资料后写出来。

例如，厨师作业人身安全标准如下：

（1）新进厨师必须通过体检合格、安全培训并考试合格后方可进入厨房工作。

（2）厨师应该熟练炉灶的性能及使用方法，下班后会同相关人员认真检查液化气（天然气）、水、电是否关闭到位。

（3）要做好厨房的卫生工作，控制食品的进货渠道（确保新鲜卫生），存放容器标志清晰，生熟不得混放。

（4）严格执行各项规章制度、操作规程，定期参加安全教育及技能培训，确保劳动安全。

◆ 比

比赛规则：以小组为单位开展安全口号轮流接力赛，口号内容不可重复，回答一句得1分，5秒内没有接上则该队淘汰。

例如：

把握安全，拥有明天。

安全一个人，幸福全家人。

注重安全，保护健康，关爱生命。

拒绝违规操作，保护生命安全。

……

◆找

查找专业实训室的安全隐患，并提出你的预防措施。

安全隐患	预防措施
例如，实训室的水管老化严重，材质较差，冬天可能会发生水管破裂，引发水害。	例如，向学校总务处报修，建议找物业人员更换新水管。

◆说

说说下面这些安全标志的含义。

| 必须穿工作服 | 必须戴防护手套 | 必须穿防护鞋 | 必须戴防护眼镜 | 必须戴安全帽 | 必须持证上岗 |

| 必须穿长袖工作服 | 必须戴防护手臂 | 必须加锁 | 必须戴口罩 | 必须戴护耳器 | 必须戴防毒面罩 |

活动 18

095

社会参与能力

活动回顾

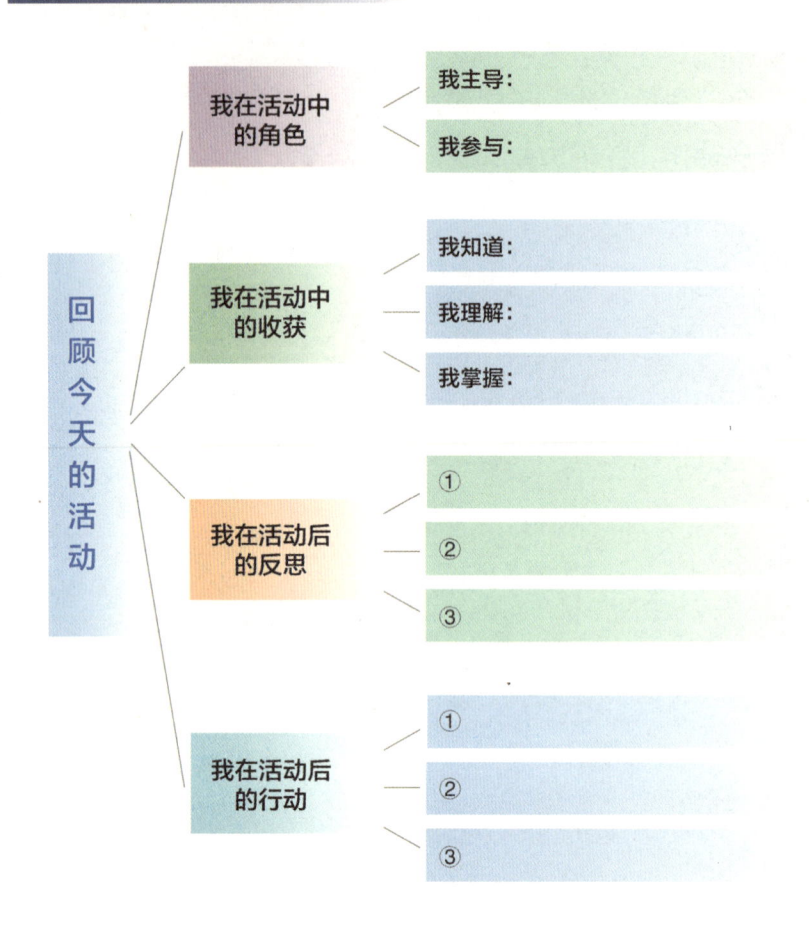

回顾今天的活动
- 我在活动中的角色
  - 我主导：
  - 我参与：
- 我在活动中的收获
  - 我知道：
  - 我理解：
  - 我掌握：
- 我在活动后的反思
  - ①
  - ②
  - ③
- 我在活动后的行动
  - ①
  - ②
  - ③

活动延伸

◆ 想

1. 查阅安全生产执法检查案例，并思考：劳动安全应该从哪些角度预防？国家颁布了哪些关于劳动安全的条例？

096

2. 查阅劳动安全事故的典型案例，并写出你的感想。

活动19 劳动竞赛，技能高手献礼劳动节

劳动竞赛，技能高手献礼劳动节
— 了解"五一"国际劳动节的由来
— 了解"全国五一劳动奖章"评选知识

活动目标

1. 掌握"五一"国际劳动节的重要意义。
2. 掌握"全国五一劳动奖章"评选的基本要求。
3. 积极投身技能比赛，争当技能能手。

活动探究

情境导入

蔡凤辉，北京天安门广场保洁班班长，她每天和一百多名环卫工人守护约28万平方米的天安门广场。天安门广场作为祖国的心脏，每天都会有大量的游客，而且也经常举办各种重大活动。为了维护天安门广场庄严、整洁的形象，她和她的团队有严格的卫生标准，比如垃圾落地不能超过5分钟，尘土残存量每平方米不超过5克，时刻保证广场是干净卫生的。

蔡凤辉从一名普通的环卫工人成长为业务骨干，树立了北京环卫工作者的优良形象。她说："劳动没有高低贵贱之分，任何一份职业都很光荣。劳动是财富的源泉，也是幸福的源泉，人世间的美好梦想，只有通过诚实劳动才能实现。"凭借突出的工作业绩和吃苦耐

劳的精神，蔡凤辉曾荣获"全国五一劳动奖章"、"全国巾帼建功标兵"和北京市"三八"红旗奖章等荣誉。

学生思考

你知道"五一"国际劳动节的由来吗？

知识探究

"五一"国际劳动节，是全世界劳动人民的节日。1886 年 5 月 1 日，以美国芝加哥为中心，美国约 35 万工人举行大罢工，要求实行 8 小时工作制。这一斗争得到世界各国人民的支持。为纪念这次伟大的工人运动，1889 年第二国际成立大会上宣布将每年的 5 月 1 日定为国际劳动节。

随着马克思主义传入中国，五一劳动节也被早期的中国共产党人认识。1921 年"五一"前夕，邓中夏等人创办的长辛店劳动补习学校里，工人们学唱《五一纪念歌》。其歌词是："美哉自由，世界明星，拼吾热血，为他牺牲，要把强权制度一切扫除净，记取五月一日之良辰。红旗飞舞，走光明路，各尽所能，各取所需，不分贫富贵贱，责任唯互助，愿大家努力齐进取。"

1949 年 12 月，中央人民政府政务院将 5 月 1 日定为法定劳动节，全国放假一天。从 1989 年起，基本形成每 5 年在此节日表彰全国劳动模范和先进工作者，以此奖励在社会主义各项建设事业中做出突出贡献的劳动者。

"全国五一劳动奖章"和"全国五一劳动奖状"是中国工人阶级最高奖项之一，由全国总工会主办，主要在"五一"劳动节期间颁发。

社会参与能力

"全国五一劳动奖章"入选人员先由各省、自治区、直辖市推荐。各省、自治区、直辖市一般也在"五一"期间评选省级五一劳动奖章获奖人选。

例如,《湖南省总工会办公室关于推荐评选湖南省五一劳动奖和湖南省工人先锋号的通知》(湘工办发〔2021〕1号)中,明确2021年湖南省拟评选表彰湖南省五一劳动奖状30个、湖南省五一劳动奖章100名、湖南省工人先锋号100个。具体推荐要求如下:

(1)推荐的原则是"面向基层、面向一线、面向普通劳动者",例如,在推荐的湖南省五一劳动奖章先进个人中,产业工人不低于35%,其他一线职工和专业技术人员不低于20%,科教人员不低于20%,农民工不低于10%;少数民族职工和女职工应占一定比例。非公有制企业及其职工在湖南省五一劳动奖状、奖章和湖南省工人先锋号中的比例均不得低于35%。推荐的湖南省工人先锋号集体中,企业班组不少于70%。

(2)要求是在技能比赛中获奖的个人和集体。明确了没有开展劳动和技能竞赛的企事业单位和车间、工段、班组(科室)不能作为湖南省五一劳动奖状和湖南省工人先锋号推荐对象。要优先推荐具有工匠精神的高技能人才和优秀技术工人;要注重推荐各种竞赛活动中涌现的先进典型,重点推荐创新型企业、创新型班组和创新型人才。

作为职业院校学生,应该加强技能训练,积极参加技能比赛活动;参加工作后,要通过企业、行业技能竞赛展示风采,力争在市级、省级技能大赛中脱颖而出,勇攀技能能手高峰,为摘取省级、国家级五一劳动奖章创造条件。

活动体验

◆ 讲

查找资料,讲一讲本专业或行业的"五一劳动奖"获得者的故事。

100

动

开展班级技术能手竞赛活动,先小组比赛,再班级比赛,并在"五一"劳动节期间颁发证书。

做

收集"五一"劳动节资料并设计一期"五一"劳动节黑板报或手抄报。劳动节来临前布置好教室,让大家感受到节日的氛围。

活动回顾

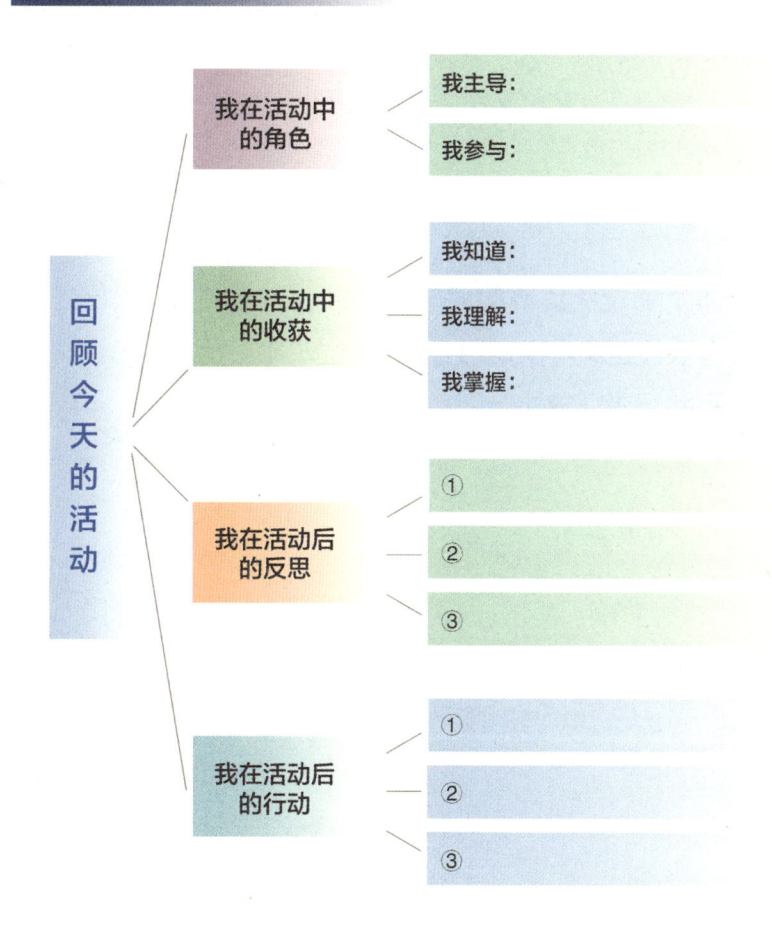

回顾今天的活动
- 我在活动中的角色
  - 我主导:
  - 我参与:
- 我在活动中的收获
  - 我知道:
  - 我理解:
  - 我掌握:
- 我在活动后的反思
  - ①
  - ②
  - ③
- 我在活动后的行动
  - ①
  - ②
  - ③

社会参与能力

活动延伸

◆ 写

查阅自己所在省（自治区、直辖市）在国家庆祝"五一"国际劳动节大会上受表彰的先进个人的事迹。写下自己的感受。

◆ 比

请本班参加学院技能比赛的同学分享经验，或请学院本专业其他班级技能比赛获奖的同学到班上分享经验，比一比自己在技能方面还有哪些差距并记录下来。

活动 20　我憧憬的未来劳动

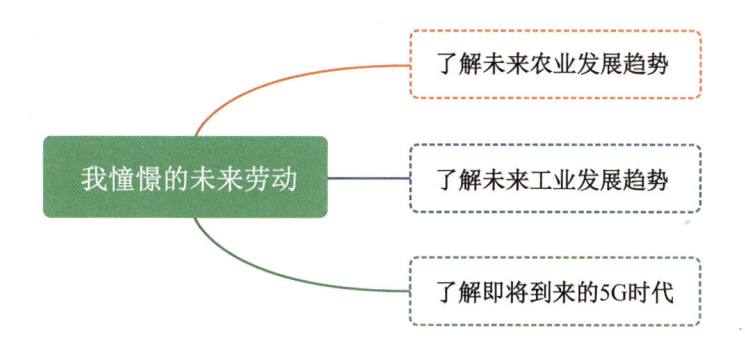

```
我憧憬的未来劳动 ─┬─ 了解未来农业发展趋势
                  ├─ 了解未来工业发展趋势
                  └─ 了解即将到来的5G时代
```

活动目标

1. 认识未来劳动发展趋势，形成对未来劳动的积极情感和理性态度。
2. 展望未来，做好未来职业规划。

活动探究

情境导入

京东"无人仓"也称智慧物流中心，物流全过程，即从入库、在库到拣货、分拣、装车的完整过程都无须人力参与。通过数据感知，机器人融入，用算法指导生产，极大提高库房效率和灵活性，是全新的物流系统技术。随着无线交易额提升，随时随地的网购趋势给物流平台带来更多机会和挑战。由于无人仓的使用，"双十一"当天，京东可实现85%的订单当日生产出库。京东创始人曾说："即使京东未来销售增长十几倍，十年后京东的员工数量也不会增长，目标将锁定在8万人。"京东无人仓将是京东自建物流的趋势和主力。

社会参与能力

◆ 学生思考

你认为未来社会劳动者会被机器人替代吗？为什么？

✦ 知识探究

未来农业将是以无人机、田间传感器、手机智能远程控制等高科技辅助的农业。例如，处于领先地位的以色列就初见未来农业端倪。大量高科技产品，如田间传感器和无人机等都应用于农业生产，通过智能手机软件，农民不出家门就可以掌握田间一切数据。当有害虫进入农田时手机会立刻显示，并且可立即实施定点农药喷洒消灭害虫，避免大范围使用农药，提升农业生产效率，且节能环保。当地沙漠面积占60%，气候干旱，但利用智能的滴灌技术、温室大棚技术及灌溉控制系统，农业发展不受气候影响。该系统可精细到单株灌溉，知道作物什么时候需要水分和肥料、需要多少，做到既满足作物所需，又不造成浪费。再结合温室大棚技术，利用太阳能和地热能实现温度控制，棚内采用无土栽培加鱼塘模式，不仅可以加热鱼塘，并且能把加热鱼塘的水用于灌溉，实现新能源最大化利用。依靠这些技术，以色列农作物产量得以大幅增加，农副产品不仅满足本国消费，还远销国外。

未来工业各个领域、各个行业、各个方向的劳动都会向智能化发展，智能化发展的趋势至少有三个：产业智能化、人机交互智能化、基础设施智能化。例如，在智能交通领域，依靠智能化可以大幅度提升交通的效率；在制造领域，通过智能技术提升生产的效率，可以降低中国的劳动力成本。

未来，人机共融将成大势所趋，机器从"定量"计算到"模仿"，具有学习和容错能力。工业制造向定制化发展。例如，一些有实力的企业正往无人化、智能化方向发展，甚至自主研发技术，结合工业互联网技术，实现智能化和个性化柔性定制生产。智能化解决方案将层出不穷。

5G，让未来各行各业劳动更精彩。随着 5G 时代加速到来，5G 将如何与生活融合，成为社会关注的焦点。

例如，井矿集团随着井下 5G 应用场景增多，今后有望实现采掘面无人操作、运输车辆无人驾驶、设备维修远程协同等，煤矿安全生产和效益将同步提升。电子屏幕可实时显示井下瓦斯浓度、温湿度和采煤场景，身穿白衬衣的矿工在电脑前轻点鼠标，井下设备就能有序运转，数据实时上传。

医疗行业可开展 5G 远程会诊，无须医护人员直接接触病患就能快速确诊病情。未来专家就可以远程指导各社区卫生服务中心或家庭病房的医务人员的操作，进行疑难病例的远程会诊，患者不需要往返大医院看病、检查、拿报告，可节省大量时间。医生只要操作计算机，机器人就可以更精准、高效地对病人实施手术。

5G 将开启智慧旅游。外出旅游再也不用担心人山人海，通过 5G 实时查看景区人流实时数据、当前旅游接待人数实时数据、景区剩余停车位实时数据等，提前购票或退票……越来越便捷，旅游行程尽在你的掌握中。

未来随着人工智能和 5G 技术的发展，部分低技能劳动者可能会失业。但也将创造一些新的岗位，包括系统设计、机器人协调员、工业数据科学家、模拟专家、工业工程师、供应链协调岗位、3D 辅助设计，等等，不过这些岗位对技能要求将非常高。

活动体验

想

2020 年 7 月 6 日，人社部发布了 9 个新职业，包括区块链工程技术人员、城市管理网格员、互联网营销师、信息安全测试员、区块链应用操作员、在线学习服务师、社群健康助理员、老年人

社会参与能力

能力评估师、增材制造设备操作员。从过去 360 行到如今 1500 多"行",伴随一轮轮科技革命、产业革命,社会分工不断细化,职业变化正折射出技术的进步。

你能列举出几个新行业劳动者吗?

◆ 找

请同学们查阅资料,分析人工智能技术、克隆技术、5G 等高新技术未来的发展将给未来劳动产生的影响。

◆ 说

开展"我是演说家"演讲比赛。

主题:"劳动者"未来式(畅想未来)。

具体标准如下所示:

项　　目	标　　准	自　评　分	班级评分
演讲内容 (总分15分)	1. 内容切合主题,健康向上。 2. 用词正确,无语法错误		
语言表达 (总分10分)	1. 脱稿演讲。 2. 语音标准,声音洪亮,表达流畅。 3. 语言表现力强,富有感染力		
演讲台风 (总分10分)	1. 仪态端庄,表情自然,肢体语言恰当。 2. 具有良好的临场应变能力		
时间控制 (总分5分)	超过5分钟酌情扣分		

✦ 写

劳动创造未来，给未来的自己写一封信（要求 500～1000 字）。

活动回顾

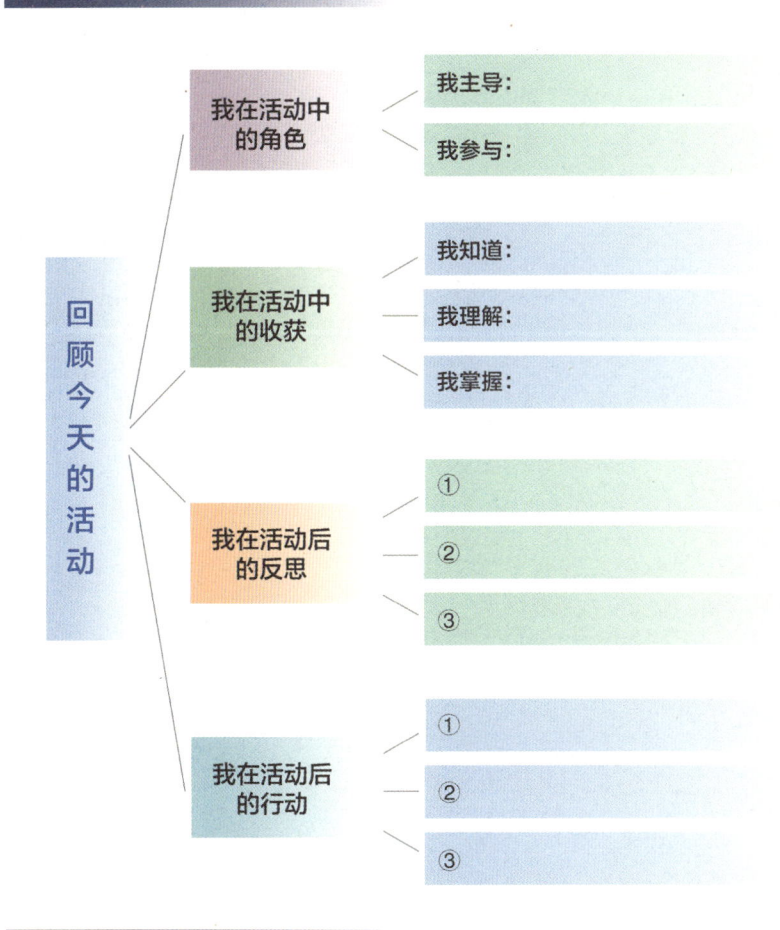

- 回顾今天的活动
  - 我在活动中的角色
    - 我主导：
    - 我参与：
  - 我在活动中的收获
    - 我知道：
    - 我理解：
    - 我掌握：
  - 我在活动后的反思
    - ①
    - ②
    - ③
  - 我在活动后的行动
    - ①
    - ②
    - ③

活动延伸

✦ 想

据报道，在天津市滨海新区，第四代人工智能配网带电作业机器人已完成首次作业后投入使用。在配网运行工作中投入双臂自主、单臂人机协同、单臂辅助自主 3 种人工智能配网带电作业机器人，可减少作业中人身安全风险，促进电网安全稳定运行。

经过持续攻关，目前人工智能配网带电作业机器人已可以运用三维环境重建、视觉识别、运动控制等核心科技，并能引入带电接引流线作业的路径规划算法，实现机器人自主识别引线位置、抓取引线，完成剥线、穿线和搭火等工作，有效杜绝传统人工带电作业的人身安全风险，大幅降低人工劳动强度，提升工作质量和效率。

请同学们思考：机器人在哪些行业比较有优势？作为未来劳动者，我们应该怎么做？

活动 21　问题无处不在，树立问题思维

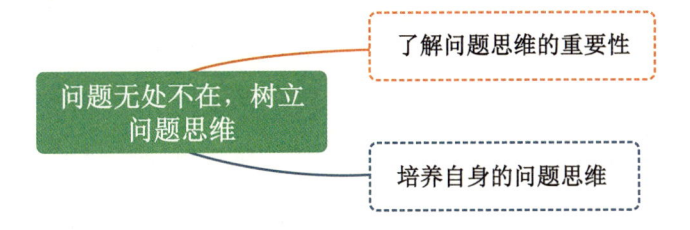

```
                    ┌─────────────────────┐
                    │ 了解问题思维的重要性 │
    ┌──────────┐   └─────────────────────┘
    │问题无处不在│
    │，树立问题 │
    │  思维    │   ┌─────────────────────┐
    └──────────┘   │ 培养自身的问题思维  │
                    └─────────────────────┘
```

活动目标

1. 理解问题思维的重要性。
2. 敢于直面问题和解决问题。

活动探究

情境导入

一位化学老师在自己任课的两个班上分别讲述了新课，这一节的内容是元素的化合价。对于新课，有的元素化合价比较多、较复杂，A 班很活跃，有问题意识，同学们提出了很多疑问同时也询问了大量的关于元素化合价的问题。B 班听课也很认真，但老师讲什么听什么、记什么，基本上没有同学提问题。

在作业环节，有一个题目给这位老师的感受深刻，在课堂上问了很多问题的 A 班基本没人做错，但没有问问题的 B 班基本上全部做错了。

这个题目是请标明四氧化三铁（Fe_3O_4）中各元素的化合价，所有的同学都非常清楚氧元素 O 是负二（-2）价，B 班的同学直接根据化合价算出 Fe_3O_4 中铁元素 Fe 是正三分之八价（+8/3），也没有质疑结果正确与否，于是 B 班的同学基本上全做错了。

社会参与能力

而 A 班的同学由于在课堂上询问了关于有些元素多个化合价的问题，而老师直接以四氧化三铁 Fe_3O_4 举例，原来铁元素 Fe 有正二、正三（+2、+3）价。在四氧化三铁 Fe_3O_4 中有两个铁 Fe 原子为正三（+3）价，一个铁 Fe 原子为正二（+2）价。所以 A 班的同学在这道题上基本上全做对了。

学生思考

你对情境中 A 班和 B 班不同的表现有何感想？

知识探究

问题是什么？问题就是事物的矛盾，是疑问，是困惑，是麻烦。每个人都留恋小时候无忧无虑的生活，因为所有的烦恼都可以交给父母或长辈，所有的问题都由父母或长辈帮你"了难"（长沙话，意为"解决问题"）。现在我们长大了，尽管谁都希望离问题远远的，但问题总会不期而遇，离不开、丢不掉、躲不过。所以，我们要学会发现和解决问题，因为个人、家庭，单位和国家都是在解决问题中进步和发展的。"细节决定成败"，细节是什么？细节就是小问题，我们只有发现和处理好小问题，才会解决大问题，否则就会酿成大问题。

出门有行路安全的问题，上学有防止迟到问题和各种学习上的难题，吃饭有是否合口味的问题……问题无处不在，问题是我们成长的朋友，让我们经常思考问题、拥抱问题，不停地解决问题，进而走向人生的成功。

问题思维的重要性：

（1）具有问题思维，就是拥有清醒和自觉。机遇是留给有准备的人的，问题是给有清醒头脑、有警觉意识的人提出的。多发现问题不是简单自我否定，而是自我警醒、自我鞭策以及一种难能可贵的冷静和理性。

（2）具有问题思维，就是拥有责任和担当。发现问题不是目的，目的在于解决问题。不解决问题，发现问题就失去了意义。问题思维的全部内涵就在于如何发现问题、提出问题、研究问题、解决问题和总结问题。有问题思维，不是"事不关己高高挂起"，而是要躬身力行去解决或推动问题的解决，这就意味着每个人肩膀上多了一份责任和担当。

（3）问题是前行的导向。我们所面临的问题都是前进中的问题，是引导我们向前走的一个个路标。对于纷繁复杂的问题，我们要保持坚强的意志和坚定的信心，攻坚克难、一一解决。

培养自身的问题思维，同学们要做到：

（1）树立奋斗目标。要有不满足现状的问题思考，不断地改进自己的缺陷和不足，朝着自己的奋斗目标前进。

（2）要敢于否定。要意识到没有最好，只有更好。要敢于承认现行的办法、方案不是最好的，仍然有很大的改进余地。只有在不断地否定的过程中发现和提出问题，认真分析、解决和总结问题，才能不断地获得成功。

（3）要敢于打破常规。因循守旧、习惯成自然是创新的最大障碍。我们不能沉浸在以往或前人的成就里不思进取，成为创新的阻碍者。我们要打破常规，勇于直视问题，拒绝惯性，破旧立新。

活动体验

动

（1）每人准备两张 A4 白纸。
（2）所有同学闭上眼睛，全程不允许问问题。
（3）同学们按照老师的口令折纸。
口令：
① 把纸对折、对折再对折；
② 把右上角撕下来，翻转 180°，把左下角也撕下来；
③ 睁开眼睛，查看自己和同学们的折纸有何不同。

社会参与能力

（4）换一张纸，请一位同学上来，重复上面的口令，唯一不同的是折纸过程中同学们可以问问题。根据同学们问的问题，这位同学进行准确答复。折纸结束后，查看这一次大家的折纸是否大体相同。

猜

全班分为两组，分别派1个人上讲台背对黑板站立，两组人分别商量在讲台上对方队员背后的黑板上写下一位名人的名字（必须全班人基本上都知道，如另一组人不知道可要求更换）。

写下名字后，台上两个人依次循环询问台下本组队员一个问题，台下的同学只能回答"是"或者"不是"。

台上同学可以问的问题包括"这个人是男性吗？""这个人是中国人吗？""这个人还活着吗？"，等等。

先猜出背后黑板上人名的组本轮获胜。一轮结束，可更换台上人员。可安排3~5轮。

活动回顾

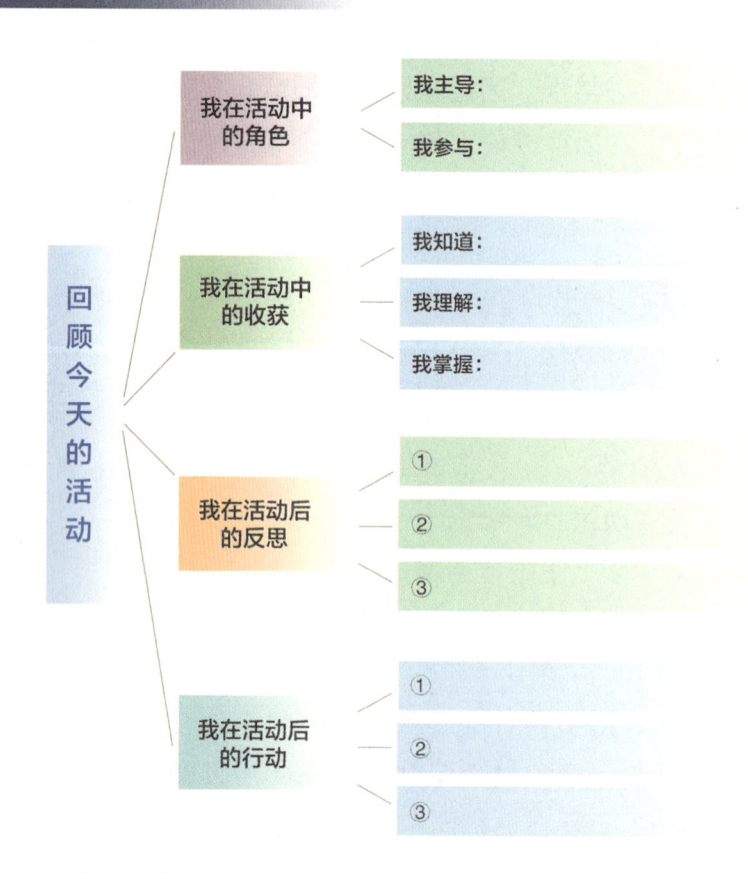

回顾今天的活动
- 我在活动中的角色
  - 我主导：
  - 我参与：
- 我在活动中的收获
  - 我知道：
  - 我理解：
  - 我掌握：
- 我在活动后的反思
  - ①
  - ②
  - ③
- 我在活动后的行动
  - ①
  - ②
  - ③

活动延伸

◆想

拓展阅读：查一查《牛顿与引力：苹果的故事》。读完这个小故事，写下你的感想。

社会参与能力

活动 22　善于发现问题，做生活中的有心人

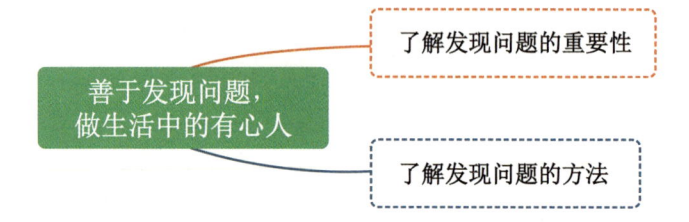

善于发现问题，做生活中的有心人 —— 了解发现问题的重要性

善于发现问题，做生活中的有心人 —— 了解发现问题的方法

活动目标

1. 掌握发现问题的途径和方法。
2. 增强同学们发现问题的能力。

活动探究

情境导入

校园是非常美好的地方，有一些校园不仅美，而且占地面积很大。在我国，有的校园面积动辄数千亩，有一些大学里面如果要从宿舍到教学楼上课可能要走半小时以上，再从教学楼去往食堂又得半个小时，所以大学校内出行难是一个长期存在的现象。现象一直存在，但却很少有人把它作为问题对待，更没有人把它与商业模式挂钩。

数年前，一名大学毕业生发现这个问题，并把这个问题与一种全新的商业模式联系起来。他与四名合伙人共同致力于解决大学校园的出行问题而创办了中国第一个共享单车品牌。而共享单车这种全新的商业模式之后在中国的大地上生根发芽、遍地开花，越来越成熟。

学生思考

你对情境中共享单车的兴起有何感想？

知识探究

1. 善于发现问题

阿尔伯特·爱因斯坦曾经说："提出一个问题往往比解决一个问题更重要。""发现问题"是很重要的能力，发现问题是分析问题、解决问题的前提和基础。没有问题的发现，问题的解决就无从谈起。作为新时代的学生，同学们要培养发现问题的能力，善于发现问题，并沉下心为如何解决问题而努力。

2. 发现问题的途径和方法

发现问题在很多时候比解决问题更加重要，那么有哪些发现问题的途径和方法呢？同学们又该如何培养发现问题的能力呢？

（1）经常思考，大开脑洞。特别是在独自一人的时候，多去回顾一些日常生活中遇到的各种现象，思考发生这些现象的原因所在。

（2）培养分析事物的能力。注重培养自己分析事物的能力，多去想一些为什么，然后尝试自己去解答。

（3）多阅读学习，逐渐提高能力。在闲暇时刻，多读一些书籍，多看一些新闻报道，从中发现问题，逐步提高发现问题的能力。

（4）培养关注细节的能力。细节往往蕴含着大智慧，每一件物品都有它的用处，在小事物中很有可能发现大问题。

（5）转换思维角度发现问题。尝试从对方或第三方的角度思考问题，这样也是一种发现问题的途径。很多时候发现问题往往是在转换角度之后，一切的问题都有所改变。只有在思维方法改变之后，才会慢慢提高发现问题的能力。

（6）保持对事物的好奇心。养成观察世界的兴趣和习惯，保持对世界的好奇心，也是提高发现问题能力的必要条件。

（7）善于总结。当自己发现并解决一个问题后，这些经验总结起来可能会为你下一次发现问题提供思路。

活动体验

想

每一个生活中的不方便，可能就是我们去发现和需要去解决的问题。例如，人们发现家庭成员不喜欢洗碗、洗衣服，所以有人就根据问题发明了洗碗机、洗衣机；人们受不了夏天的炎热和冬天的寒冷，于是有人根据科学原理就发明了空调和暖气。解决生活中的"不方便"，也能给人类社会带来发展和进步。

同学们的生活中有不方便或者有困难的地方吗？比如衣物要经常洗，很耗费时间，冬天还冻手，是不是未来可以发明一种有自动清洁功能且不用换洗还能自动变换款式的衣物？

尝试想一想、找一找生活中你觉得不方便的地方，没准同学们发现的不方便的地方或问题正是社会发展和进步的方向之一。

说

领导安排你近几天接待从深圳到你所在城市的重要客户，然后领导出差了。你要完成这一任务，需要找出哪些问题并事先安排好，才能圆满完成任务？

例如：

问题一：需要找到对方的姓名、联系方式是什么？

问题二：需要问对方来多少人，男女各多少人？

问题三：

问题四：

……

活动回顾

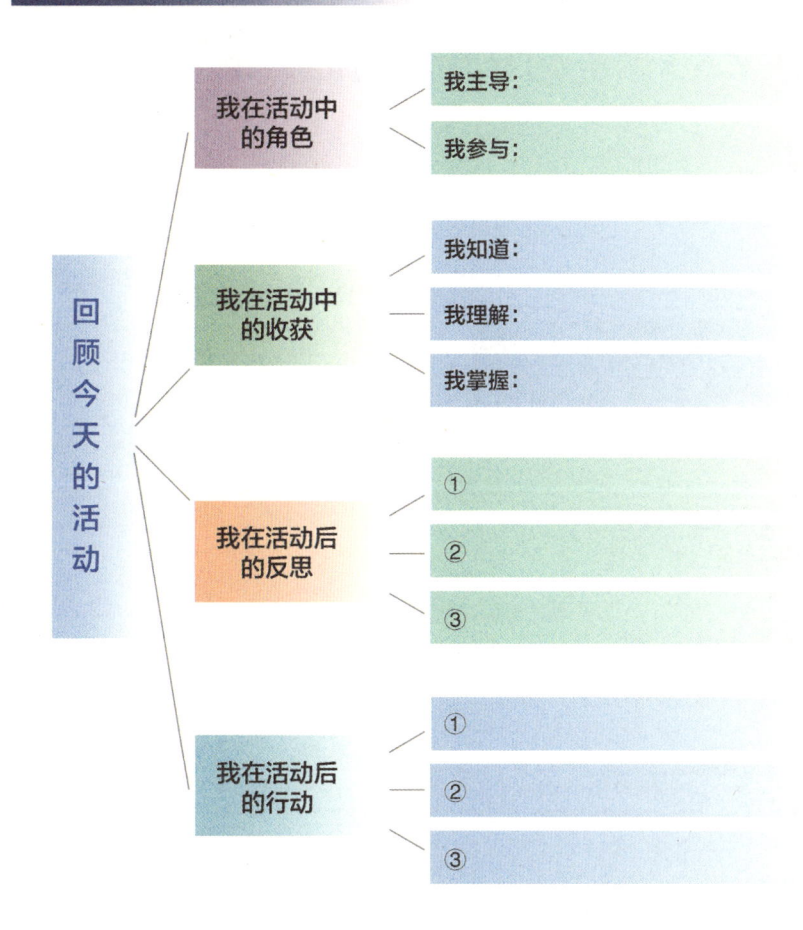

回顾今天的活动
- 我在活动中的角色
  - 我主导：
  - 我参与：
- 我在活动中的收获
  - 我知道：
  - 我理解：
  - 我掌握：
- 我在活动后的反思
  - ①
  - ②
  - ③
- 我在活动后的行动
  - ①
  - ②
  - ③

活动延伸

◆ 想

查一查瓦特与蒸汽机的故事。读完这个小故事后，写下你的感想。

117

社会参与能力

活动 23　善于提出问题，做工作中的引导者

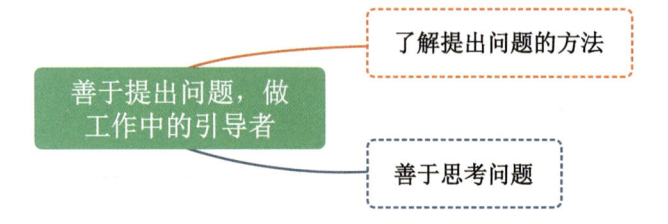

```
善于提出问题，做     ── 了解提出问题的方法
工作中的引导者
                    ── 善于思考问题
```

活动目标

1. 熟悉提出问题的方法。
2. 善于在实践中提出问题。

活动探究

情境导入

18世纪，天花疫情蔓延了整个英国，外科医生詹纳从伦敦回到老家，多年的行医经验使他惊奇地发现：乡村的挤奶工在跟牛接触时，身上会长出小疱疹（牛痘），而这些被感染过牛痘的女工均未传染上天花。他带着思考潜心研究，运用多年的时间验证牛痘患者不得天花是牛乳头上有一种疱疹脓浆，这种病毒可以传染给人而预防天花。此后，他还发现牛痘接种的方法，使科学预防天花迈出第一步。

学生思考

牛痘疫苗是如何被发现的？

🟦 知识探究

　　任何构思或创造活动的发展始于疑问、不足、矛盾和差距等，最后都会以提出问题的形式成为创造新活动的出发点。例如，詹纳接种牛痘、哈维提出血液循环、哥伦布发现美洲等事例，都是他们先创造性地发现与提出问题，才最终解决了本质问题。提出问题的方法有很多，以下介绍几种常用方法。

　　1. 提问类比法

　　类比法思维是运用事物之间的相似性发散提问。例如，植物与动物有着相似的联系，植物与动物都是生命体，都需要呼吸、新陈代谢。动物需要休息、有自己的情感、运动会出汗等。通过植物与动物的某些相似关联，可以发散提问：植物是否需要"睡眠"？是否需要"爱恨情仇"情绪？是否能"出汗"呢？

　　2. 提问质疑法

　　质疑法是对事物提出质疑，是一种批判、求异性的思维方式。例如，生物界一直认为昆虫没有发音器官，是利用翅膀在空间中的振动而产生声音。而聂利同学在养蜂场的蜂箱内发现蜜蜂并没有振动翅膀，就能发出"嗡嗡"的声音。她对科普读物上的内容产生疑问，并对蜂蜜开展实验研究。通过多次实验证实，蜜蜂的发音器官是双翅根部的两粒小黑点。此项发现让她获得科技项目类银奖与科普专项奖。

　　3. 提问观察法

　　观察法是有明确目标、计划的认知活动。只有专注目标、持之以恒，才能养成良好的观察习惯。观察事物需要经过理性的思索，才能发现与提出问题，否则就会出现视而不见、视而不思等状况。例如，德国科学家魏格纳提出"大陆漂移"理论，就是他在住院期间对着病房里横挂的世界地图的奇异形状联想观察而来。魏格纳能从普通地图中提出新的猜想，关键在于他对目标执着、观察事物的深刻体验，感受到普通人无法察觉的新事物。

　　4. 提问激励法

　　激励法是在群体交流中相互激励与启发而提出新的问题与想法。在著名的剑桥大学就有利用下午茶时间跨专业相互交流与碰撞的平台。这里的文理科教授可以任意阐述自己的思维与方法，通过跨专业知识的学习与组合，激发出各种奇特想法与问题。

激励法具体组织方式为：参与人数不超过 10 人，活动时间控制在 20～60 分钟，参与活动者可以围绕主题任意自由表达想法。在表达想法时，不批判、评价他人任何想法，尽可能多收集想法、提出问题，不分好坏都记录下来。

5. 提问逆向法

逆向法是运用反向思维提出问题。当你沿着固定的思维模式而想法僵化时，你可以尝试 180° 地转弯思考，有时会提出有趣的新问题。例如，丹麦科学家奥斯特发现电与磁的关系，但他的思维并未局限，不怕挫折，坚持反向思考"由磁生电"的方法。此后他成功提出了电磁感应定律，创造出第一台发电装置。

活动体验

全班分成几个组，完成以下活动。

◆ 讲

（1）每组收集提出问题方法的小故事。

（2）每组选择 2 位代表上台分享提出问题的小故事。

活动提示：

（1）收集故事：技术发明工匠、科学家、身边人或事。

（2）上台讲解需突出提出问题思维方法的特点与典型小故事。

◆ 写

请每组运用提出问题方法填写表格，并上台分享。

提出问题填写表	
提出问题方法	思考：提出问题
类比法	
质疑法	
观察法	
激励法	
逆向法	

填写提示：

（1）每组分别填写需要提出的问题，可跟专业或生活有关。

（2）每组选择另2位同学上台分享自己思考提出的问题。

（3）运用激励法发散思维，至少写出 10 个问题，最终选择 1 个问题进行填写。

◆ 评

每个小组推选 1 位同学担任活动评审员，组成评审组，分别对以上各小组的表现进行评分，同时评选出 2 位最佳同学和 2 个最佳小组，最后由 2 位同学进行点评。

活动回顾

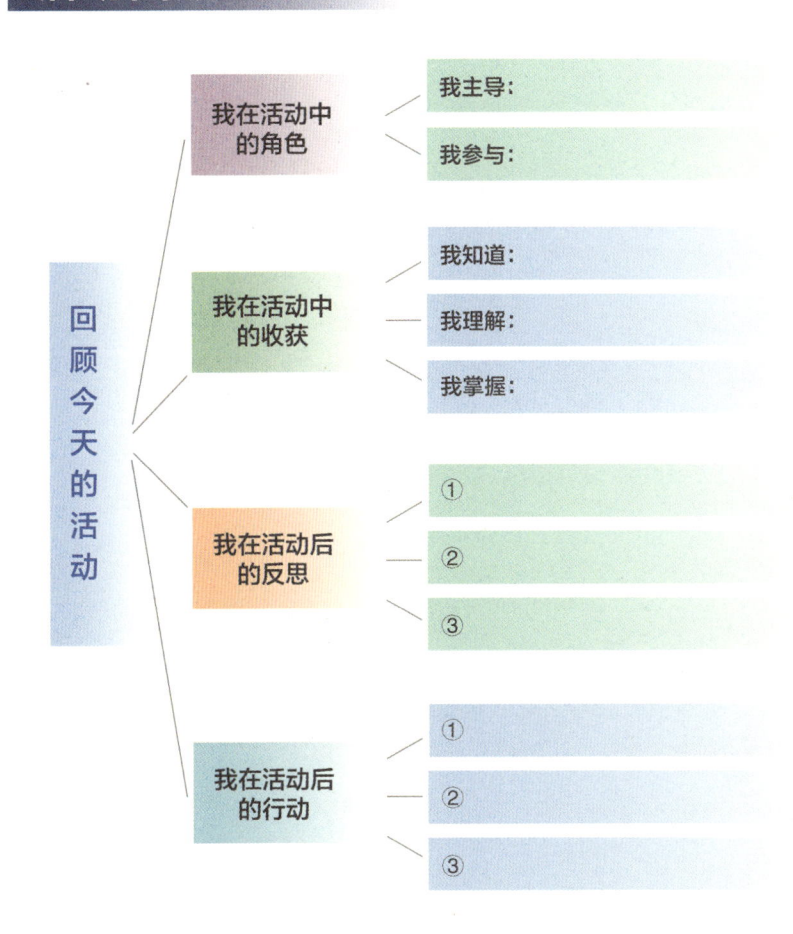

回顾今天的活动
- 我在活动中的角色
  - 我主导：
  - 我参与：
- 我在活动中的收获
  - 我知道：
  - 我理解：
  - 我掌握：
- 我在活动后的反思
  - ①
  - ②
  - ③
- 我在活动后的行动
  - ①
  - ②
  - ③

活动延伸

想

书籍推荐:《如何有效提问》(文化发展出版社)。

思考:哪些方法让你受益匪浅?

活动 24　善于解决问题，让自己成为有智慧的人

```
                    ┌─ 了解解决问题的步骤
善于解决问题，让自己 ─┤
成为有智慧的人       └─ 学习解决问题的智慧
```

活动目标

1. 掌握解决问题的主要步骤。
2. 学会开动脑筋解决问题。

活动探究

❋ 情境导入

有一次，东吴孙权送给曹操一只大象，曹操十分高兴。大象运到许昌那天，曹操带领文武百官和小儿子曹冲一同去看。大象又高又大，光说腿就有大殿的柱子那么粗，人走近去比一比，还够不到它的肚子。

曹操对大家说："这只大象真是大，可是到底有多重呢？你们哪个有办法称它一称？"嘿！这么大个家伙，可怎么称呢！大臣们纷纷议论开了。

一个说："只有造一杆顶大顶大的秤来称。"

另一个说："这可要造多大的一杆秤呀！再说，大象是活的，也没办法称呀！我看只有把它宰了，切成块儿称。"他的话刚说完，所有的人都哈哈大笑起来。大家说："为了称称重量，就把大象活活地

宰了，不可惜吗？"大臣们想了许多办法，一个个都行不通。真叫人为难了。

这时，人群里走出一个小孩，对曹操说："爸爸，我有个法儿，可以称大象。"于是，他们来到河边，曹冲叫人把象牵到船上，等船身稳定了，在船舷上齐水面的地方，刻了一条道道。再叫人把象牵到岸上来，把大大小小的石头，一块一块地往船上装，船身就一点儿一点儿往下沉。等船身沉到刚才刻的那条道道和水面一样齐了，曹冲就叫人停止装石头。大臣们睁大了眼睛，起先还摸不清是怎么回事，看到这里不由得连声称赞："好办法！好办法！"现在谁都明白，只要把船里的石头都称一下，把重量加起来，就知道大象有多重了。

学生思考

曹冲称象的办法是不是最好的方法呢？你是否可以提出更高效的方法呢？（如果大家想不出来，就带着问题边学变想）

知识探究

提出问题后如何才能有效地解决问题呢？

一是要分析梳理问题。分析问题的性质或种类，分清主要问题和次要问题，特别是要找出问题的关键点或制约点。例如，有一家牙膏厂，产品优良，包装精美，受到顾客的喜爱，营业额连年递增，每年的增长率都保持在 10%～20%。可是近几年，一直停滞不前。公司召开会议商讨对策，老板许诺说：谁能想出解决问题的办法，让公司的业绩增长，重奖 10 万元。有位年轻经理站起来，递给老板一张纸条，老板看完后，马上签了一张 10 万元的支票给了这位经理。

那张纸条上写着：将现在的牙膏开口扩大 1 毫米。公司立即更改包装，果然当年公司的营业额就增加了 30%以上。这个经理就是抓住了提升销量的关键点，即提高消费者的用量，巧妙地解决了问题。

二是要制定解决问题的方案。制定问题解决方案时要针对问题进行方案筛选，好的方案让问题解决更顺利，还可能省钱省力；不好的方案可能会导致走弯路或造成问题解决的成本很高。例如，一家肥皂制造厂发现肥皂在装盒的过程中有空盒出厂的问题，于是花费重金聘请了一个专家团队来研发一种感应设备解决这一问题；而另一个肥皂厂也存在同样的问题，他们则是在肥皂装盒后出厂的流水线边放置电风扇，空盒经过时自然被电风扇吹出来了，即省钱又很好地解决了问题。

三是要在实践中不断检验并优化方案。从前有座寺庙里僧多粥少，和尚们推荐了一位长者分粥。长者大权独掌，为能多分点粥，一些和尚开始溜须拍马，导致分粥者把粥分得多的多、少的少。饿得受不了的和尚提议轮流分粥。这下可好，轮到自己分时撑个半死，他人分时饿得发昏。方丈回来后决定由其中一名和尚全权分粥，其他人不得有异议，同时又规定分粥者最后取粥。从此，和尚们均等地吃上了热粥。显然，不断调整优化后的分粥方案才是最佳的解决方案。

例如，前述曹冲称象的办法固然是聪明之举，认真思考这一方法也存在一个问题：要用人工运输石头上船，又要把石头运下船称重，耗费的人力物力和时间比较多。如果改用一批人直接上船，再将人进行称重，岂不妙哉！

又如司马光砸缸，当时庆幸的是他把缸砸烂了，但如果小孩子力气不够，砸不烂怎么办呢？可以给缸里的小孩送一根长木条或竹篙，让他抓住后等候大人来救。如果没有木条或竹篙怎么办呢？可以发动所有小朋友往缸里运送沙石泥土或其他能填进缸里的东西，让水排出，让缸里的小孩有站脚的"高地"。总之，解决问题要开动脑筋，随着问题的发展变化不断调整方案、优化方案，让问题解决得又快又好又省力。

社会参与能力

活动体验

◆ 说

1. 查看生活中小方法、小妙招解决问题的事例，说一说自己的感想。

2. 生活或学习中，你遇到了什么问题需要解决？提出来和大家一同探讨。

◆ 讲

想一想你在学习或者生活中用智慧解决问题的小故事，分享给大家。

活动回顾

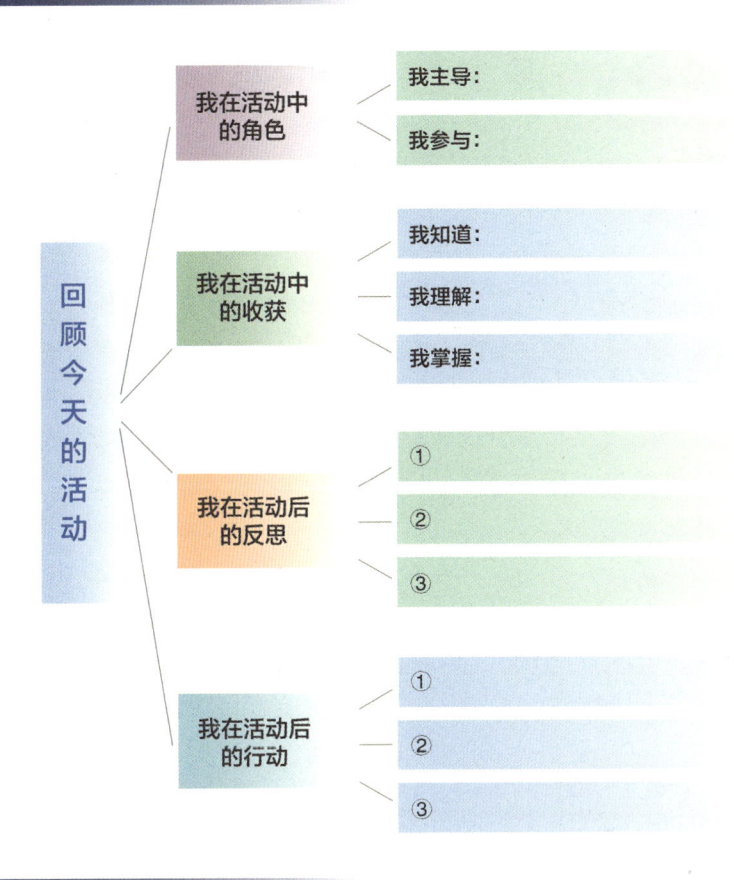

回顾今天的活动
- 我在活动中的角色
  - 我主导：
  - 我参与：
- 我在活动中的收获
  - 我知道：
  - 我理解：
  - 我掌握：
- 我在活动后的反思
  - ①
  - ②
  - ③
- 我在活动后的行动
  - ①
  - ②
  - ③

活动延伸

◆ 想

书籍推荐：《成为解决问题的高手》。

提示：高手从不急于解决问题，而是能够将问题进行有效分类，学习拆解问题，逐步培养解决问题的结构化能力。

社会参与能力

活动 25　善于反思问题，让自己越来越聪明

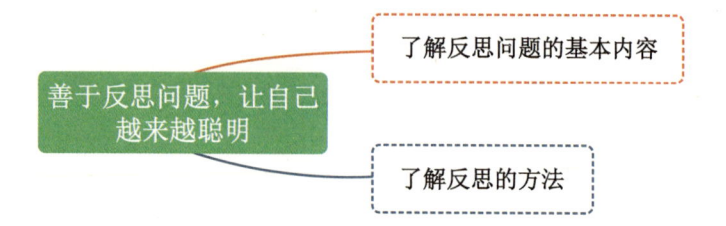

```
善于反思问题，让自己     ─── 了解反思问题的基本内容
越来越聪明               ─── 了解反思的方法
```

活动目标

1. 掌握反思问题的基本内容。
2. 提升反思问题的能力。

活动探究

情境导入

某职业学校学生陶某，进校时父母给他 1200 元生活费。8 月进校后不久，他嫌父母给他购买的手机不便于玩游戏，自作主张从生活费中用掉 800 元购买一台新手机。不久没有生活费了，找父母要生活费并与父母发生争吵，责怪父母小气。之后一个星期日，同寝室的李某外出游玩，陶某看李某的手提电脑在桌上，认为闲着也是闲着，于是在李某的手提电脑上玩游戏一整天，待李某返回寝室知道此事后，两人发生争吵，产生了纠纷。

教师节即将来临，因陶某有绘画的特长，班主任安排陶某在周末出一期教师节的专题黑板报。陶某认为专业学习的主题更能体现自己绘画的特点，于是擅自做主，把黑板报主题换成了如何学习专业的内容。班主任只好安排其他同学另外重新出黑板报。

学生思考

从陶某的行为中反思自己是否有类似问题。

知识探究

反思是个人成长进步的阶梯，是个人能力提升的途径之一，反思出经验、反思出教训、反思出成绩。经常反思对于我们学习、生活和工作都具有很重要的意义。

反思是对学习、生活和工作中的实践过程及结果效应的鉴定与结论，是对已完成实践活动的一种理性思考。曾有人问孔子：你的学生中谁最优秀？孔子答：颜回，颜回不迁怒，不贰过。所谓"不贰过"，就是不在自己第一次摔跟头的地方摔第二次跟头；不在别人第一次摔跟头的地方摔第二次跟头；不在前人摔跟头的地方再摔跟头。颜回的优秀体现在他善于反思，及时总结自己、别人和前人的经验与教训，学最好的别人，做更好的自己。

开展反思，可以正确认识过去学习、生活和工作中的优缺点，明确下一步前进方向，少走弯路，少犯错误，提高学习、工作效率，提高生活品质。

（1）反思始于自我。人要认识自己往往比较困难，但敢于认识自身问题、直面自身问题，是走向成功的基础。"吾日三省吾身"，经常反省自己，总结成败得失，纠正不足，吸取经验，是人生的大智慧。

（2）反思广于他人。真诚公正地看待他人的问题，帮助其认识不足，有利于共同进步提高。怕冒犯他人，怕得罪人，怕影响团结，而不敢提出问题，容易导致问题越来越多、越来越大，最终可能损人不利己。

社会参与能力

（3）在团队中反思。团队并不是简单的个体相加之和，团队作为一个整体，其指导思想、行动方向、组织结构、团队合作等一系列问题都可能影响事物的发展结果。团队协作需要群策群力，一起反思才能共同进步。

（4）在历史中反思。以史为镜知兴衰，历史是一面镜子，可以让我们看清现在和未来的路。在过往的经验里反思成长，我们的思路将更清晰，头脑将更清醒。

反思要坚持实事求是。客观的事实，丁是丁、卯是卯，反思过程中既不夸大成绩，又不回避缺点，既报喜又报忧，切忌好大喜功、弄虚作假。反思要有多向思维。要科学运用纵向与横向、单向与立体、现实与历史、求同与存异等各种思维方式，才好透过现象看清本质。要善于从个别典型问题中总结出带普遍指导意义的结论，要提出以后改进的措施和方法。反思要便于回顾。反思的过程和结果及时记录，是对深入思考过程的输出，思考越深，认识越深刻，反思才更有价值。

坚持做到及时反思、乐于反思。做好具体问题具体分析，不放过任何一个小问题，坚持全面分析、彻底分析，养成反思的习惯，成就精益求精的良好品质。

活动体验

看

我班的体育成绩有目共睹，总成绩排名全校第一，上一届运动会我是 3000 米长跑冠军，小王是铅球冠军，小林是跳高亚军，还有几个女生取得了接力比赛的冠军，但今年校运动会排名中我班居然没有进前三。回想这一年来的表现，似乎在意料之中。

班主任非常重视班级的体育运动。每天一大早，班主任便来到宿舍叫我们起床，到运动场开展晨练。年初，班主任结婚了，此项工作由班长开始负责，刚开始大家还比较积极，但没多久，班上同学开始"三天打鱼两天晒网"，到后来全班睡懒觉，无人早起锻炼。运动会前，班主任也发出了"加强训练，确保全校第一"的号召，但大家觉得我们班的体育人才多，冠军是没有人可以抢走的。

运动会上，开幕式就有几个同学迟到，全校点名批评。我们几个"体育尖子"今年运气不好，个个都"栽跟头"。我的冠军丢了，小王的冠军泡汤了，小林也名落孙山。有一个短跑运动员因偷跑受罚，有一个意外受伤没办法比赛。

我因某事受挫，所以一直心灰意懒，哪还有心情去训练。小林运动会的前一天晚上外出玩游戏到凌晨才翻墙回校。几个跑接力赛的女生，现在酷爱网上购买零食，变得"身宽体胖"，运动场上什么名次都没有。其他项目的运动员，有的看到我们几个"顶梁柱"不行了，觉得"大势已去"，也懒得努力了。因为是三年级了，同学们对运动会的激情少了很多，运动会期间有一半以上的同学请假回家或外出。

◆ 写

根据以上材料，每位同学以"我"的名义写一份我班校运会问题总结报告给班主任，自拟一个标题，问题总结作为副标题。

◆ 评

根据各自的报告，以全班投票的形式评出前五名。

社会参与能力

活动回顾

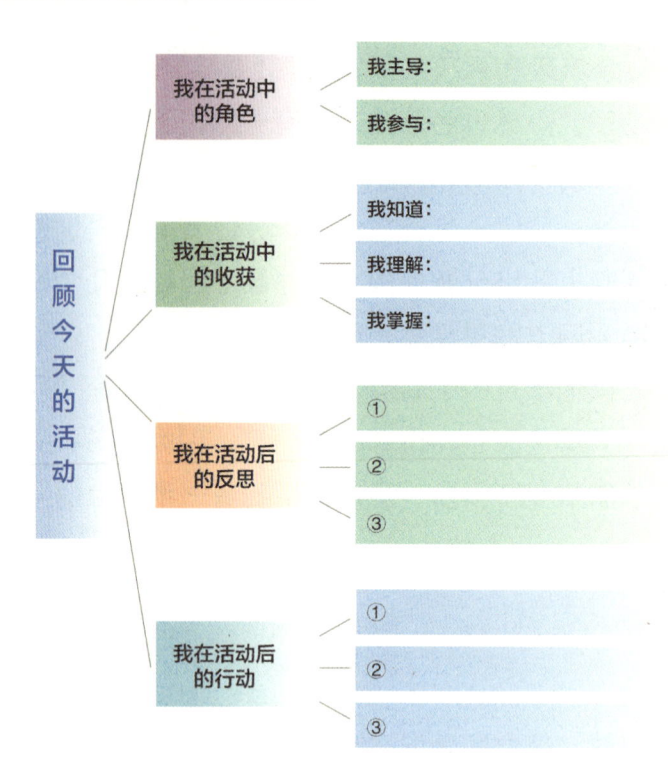

回顾今天的活动
- 我在活动中的角色
  - 我主导：
  - 我参与：
- 我在活动中的收获
  - 我知道：
  - 我理解：
  - 我掌握：
- 我在活动后的反思
  - ①
  - ②
  - ③
- 我在活动后的行动
  - ①
  - ②
  - ③

活动延伸

说

历史上有很多自我反思的故事流传至今，比如司马光警枕励志、历归真学画虎的故事等。请同学们搜集名人反思的事例并汇总后在班上分享自己的感受。

活动 26 天天"315",生活无烦忧

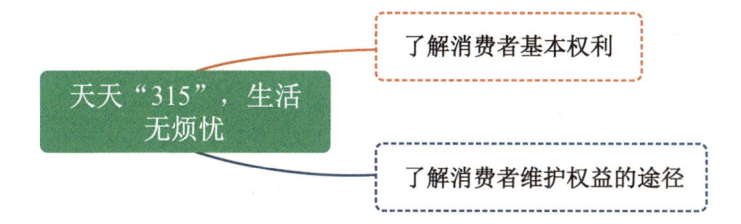

```
天天"315",生活     ——  了解消费者基本权利
无烦忧             ——  了解消费者维护权益的途径
```

活动目标

1. 掌握消费者的基本权利。
2. 增强消费者权益保护意识。
3. 当自己的消费权益受到侵犯时,懂得依法维权。

活动探究

情境导入

"双十一"是商家的营销大战日,2020 年天猫"双十一"全球狂欢季,创下又一个新的消费纪录。成交破亿的品牌达到 474 个,其中 60% 的品牌增速超 2019 年同期。物流订单总量定格在 23.21 亿单。然而,大营销催生了各类消费事件,各类商家在促销大战中部分商品明降暗涨、先涨后折,优惠力度远未达到消费者预期,甚至有消费者发出了"上当受骗"的呼声。数据显示,2020 年 11 月 1 日至 11 月 15 日,全网"双十一电商平台投诉"相关的信息量达 52.9 万条。来自微博平台的信息量达到 19.5 万条,占比 36.82%,成为相关事件及话题的重要舆论发声场;其次是客户端平台,信息量占比 23.07%。由此可见,"双十一"背后的消费者维权问题成了一个更大的问题。

社会参与能力

🔵 学生思考

在"双十一"购物活动中,如果你遇到了以上情形,如何处理?

✻ 知识探究

1. 消费者权益的主要内容

我国于1993年10月发布了《消费者权益保护法》(1994年4月1日起施行,历经2009年和2013年两次修订,于2014年3月15日起施行新版),国家依法保护消费者权益。消费者权益是指购买、使用商品或接受服务,在一定时期内依法应享有的权益。简单来说,消费者享有的权利包括安全权、知情权、自主选择权、公平交易权、获赔偿权、结社权(依法成立维护自身合法权益的社会组织的权利)、获得有关知识权、民族风俗习惯受尊重权、监督权、个人信息受保护权等。

2. 国际消费者权益日

国际消费者联盟组织为了扩大对消费者权益保护的宣传,使之在世界范围内得到重视,促进各国和地区消费者组织之间的合作与交往,在国际范围内更好地保护消费者权益,于1983年确定每年的3月15日为"国际消费者权益日"。

3. 消费者如何保护自身合法权益

(1)知晓自己的权益。

(2)购物时索要发票,保留相关证据。

(3)注意维权时限。

根据相关法律规定:

① 产品自售出之日起7日内发生性能故障,消费者可以选择退货、换货或修理。

② 产品自售出之日起 15 日内发生性能故障，消费者可以选择换货或修理。

③ "三包有效期"规定。在国家公布的第一批实施三包的 18 种商品，如彩电、冰箱、自行车、空调、手表等的三包有效期，整机分别为半年至 1 年，主要部件为 1 至 3 年。

④ 修理者应保证修理后的产品能正常使用 30 日以上。生产者应保证在产品停产后 5 年内继续提供符合技术要求的零配件。

（4）维权途径。

① 与经营者协商和解。

② 请求消费者协会调解。

③ 向有关行政部门申诉（求助、举报、投诉电话12315）。

④ 根据与经营者达成的仲裁协议提请仲裁机构仲裁。

⑤ 向人民法院提起诉讼。要注意诉讼时效，如身体受到损害要求民事赔偿和寄存财物丢失或者毁损的诉讼时效期间为 1 年；因产品存在缺陷造成损害要求赔偿的诉讼时效期间为两年。

当消费者的权益受到侵害时，要及时地向法院提出诉讼请求，否则有理也有可能败诉。

活动体验

说

网购已成为人们重要的购物消费渠道，但网购商品质量参差不齐，网购退货的情况较为常见。邀请曾有网购退货经历的同学讲一讲自己的维权经历，听一听同学们是如何维护自身消费者权益的。

社会参与能力

查

分组进行校园学生消费情况调查，调查出不合理、不符合同学们消费利益的情形，形成调研报告，并将有损学生权益的情况向学校相关负责部门反馈。

第一组：调查学院食堂菜品的分量、价格，食品的质量（食材新鲜度、用料是否合格等）。

第二组：调查学院超市商品（包括价格是否合理，是否有垄断嫌疑，是否违规贩卖烟、酒、槟榔等校园违禁商品等）。

活动回顾

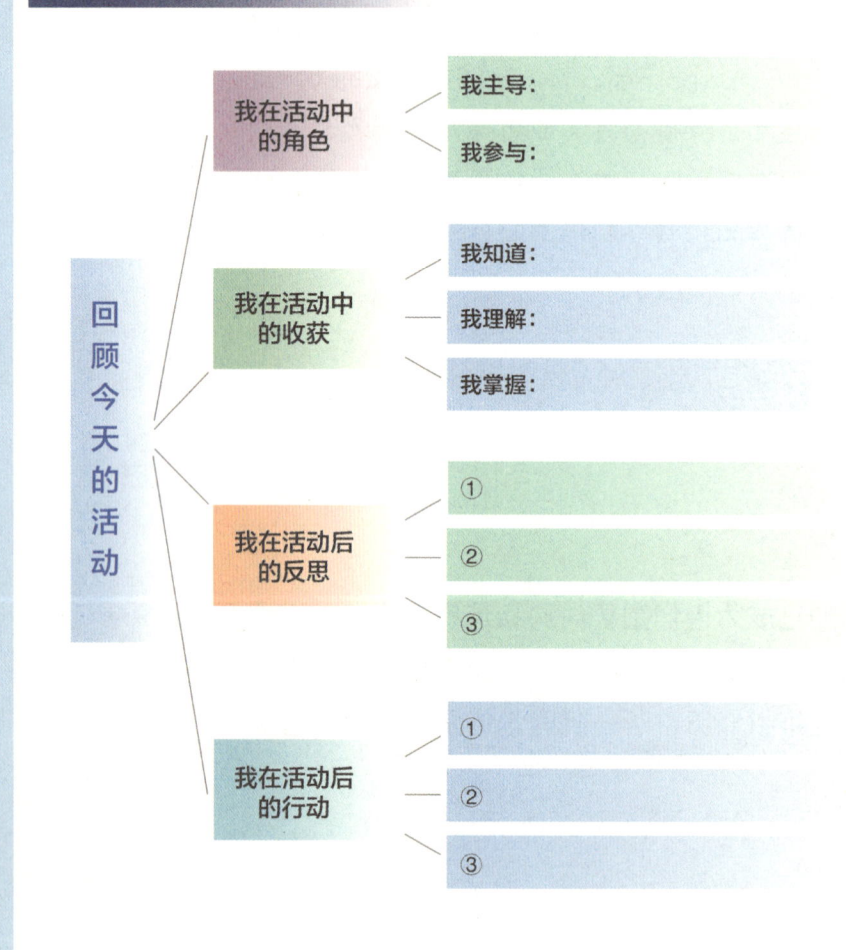

回顾今天的活动
- 我在活动中的角色
  - 我主导：
  - 我参与：
- 我在活动中的收获
  - 我知道：
  - 我理解：
  - 我掌握：
- 我在活动后的反思
  - ①
  - ②
  - ③
- 我在活动后的行动
  - ①
  - ②
  - ③

活动延伸

◆ 想

推荐：央视315晚会。

请同学们观看晚会后，谈一谈感受。

活动 27　天上不会掉馅饼

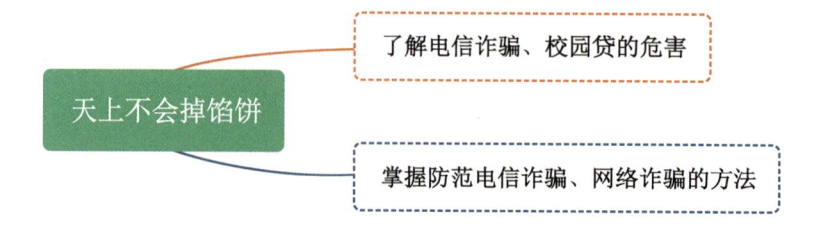

天上不会掉馅饼
- 了解电信诈骗、校园贷的危害
- 掌握防范电信诈骗、网络诈骗的方法

活动目标

1. 认识电信诈骗、远离校园贷及其危害。
2. 提高防诈骗、远离校园贷的意识。
3. 掌握预防诈骗和远离校园贷的方法。

活动探究

情境导入

学生小红因"网上购物"被骗，损失数千元，她不知所措，于是求助警方，拨打了 110 报警电话。之后，警察与学校保卫处的老师一同到小红的宿舍了解情况。

原来小红经常在 QQ 空间刷到一名手机"卖家"发的商品信息。这名"卖家"常年以超低价售卖各类品牌的最新型号手机，如 600 元某果手机、500 元某为手机、300 元的高端智能手机等，配以大量的"实物"图片以及仓库、物流情况。刚开始小红并不相信。但久而久之，被这名"卖家"的售卖信息"洗脑"，觉得有可能会是真的，加之一直羡慕其他同学能用最新款的手机，于是她用父母给的 300 元生活费，尝试联系这名卖家购买较便宜的高端智能手机。商定好价格之后，"卖家"让小红加"财务"微信付款。小红付完款，"卖家"由热情变得冷淡，小红一再催促要快递单号，而"卖家"却说由于这部手机是工厂直供机,没有安装系统,需要加 200 元的刷机费给工程师帮助刷机。小红虽然怀疑,但不甘心就这样付出 300 块钱却还没有拿到货,于是又借了同学 200 元转账过去。之后,"卖家"通过同样的模式,以"附件费""快递费""包装费"等向小红索要了 50 元、30 元、20 元不等。到最后小红还是没有收到手机,室友一致认为小红被骗了,无奈之下,小红在室友的劝说下才告知老师并报警求助。

学生思考

1. 如何防范和避免诈骗?

2. 面对诈骗,我们该如何应对?

知识探究

生活中,我们常常会收到陌生人、陌生号码的来电或信息:"恭喜你中奖""请收取你的特殊邮政包裹""猜猜我是谁""明天到我公司来一趟""请给您的网购商品写评论"……一旦你相信了,就可能落入了骗子的圈套,财产就会受到损失。尽管国家不断打击各类电信、网络诈骗,但是各类电信、网络新型违法犯罪活动仍然时有发生,给我们的生活造成了困扰和危害。

为什么总会有人被骗呢？事先已经支付但没有办法收回的成本形成沉没成本。通常人们在做决定的时候，会把现有的沉没成本作为重要参考。电信诈骗就是利用沉没成本（之前的付出归零）的心理，设置连环骗局，让受骗者无法轻易抽离骗局。

如何预防电信、网络诈骗与校园贷？诈骗分子的骗局经过了层层包装，一般很难发现其中暗藏的猫腻。我们一定要思想上保持警惕，不贪小便宜，不心存侥幸，坚持正确的价值观。

首先，保护好个人隐私，防止泄露个人身份信息以及家人身份信息。遇到收集个人信息的网页一定要谨慎对待，快递单、外卖单等涉及个人或家庭信息的单据随手销毁，不给犯罪分子可乘之机。

其次，认真核实信息。接到与金钱相关的短信或者陌生电话时，一定要仔细核实对方的真实信息。面对网络贷、校园贷，同学们务必提高对第三方平台的风险防范意识，加强法律意识，发现不妥或有疑问要及时咨询家长和老师，切勿存有侥幸心理。

再次，多求助家人、老师和朋友等。遇到个人不能确定真伪的情况，最好找身边的老师、朋友、家人等商议，避免"当局者迷"。一旦遇到恐吓一类的电信信息或者电话，不用惊慌，积极求助老师、校方和警方等。

总之，遇到可疑电话、短信、QQ 消息、微信消息和网站，要坚决做到：不好奇，不联系，不相信，不汇款。

活动体验

说

观看电信诈骗相关视频，说一说自己的感想。

演

诈骗套路深，我来反诈骗。

全班分成几个组，请每一组同学搜集一个反诈骗案例，并进行案例表演。

与大家分享如何识别诈骗风险并成功进行反诈骗，提高风险防范意识和能力。

算

小明向小李和小陈分别借款 100 元。和小李约定周利率为 10%，单利计算，三个月后归还；和小陈约定周利率 10%，复利计算，三个月后归还。请同学们计算并对比，最后小明还给谁的金额多？差额是多少？

复利计算方式可参阅网络相关资料。

活动回顾

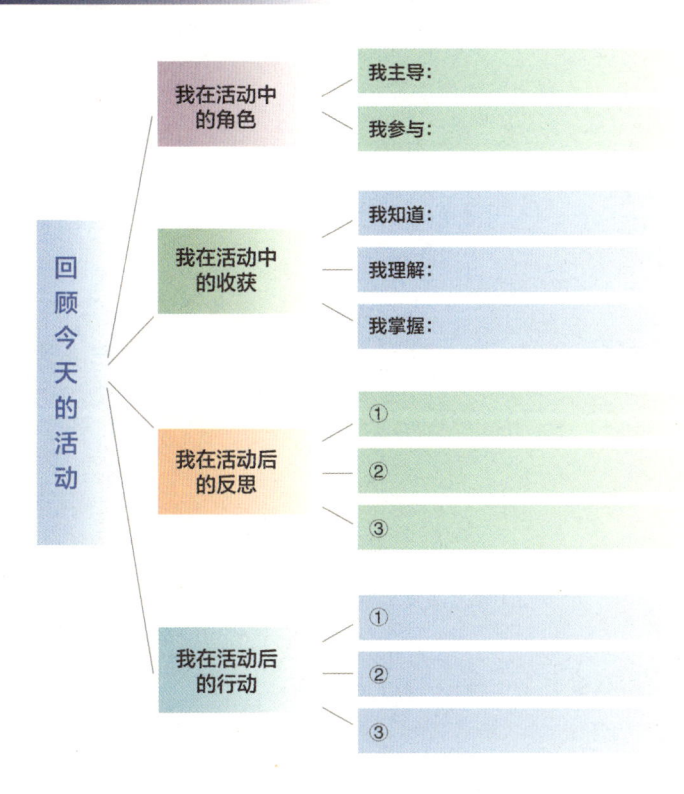

回顾今天的活动
- 我在活动中的角色
  - 我主导：
  - 我参与：
- 我在活动中的收获
  - 我知道：
  - 我理解：
  - 我掌握：
- 我在活动后的反思
  - ①
  - ②
  - ③
- 我在活动后的行动
  - ①
  - ②
  - ③

社会参与能力

活动延伸

◆ 想

请同学们查阅新闻：印江公安破获涉案 40 余万元网络诈骗案。谈谈对上述案例的看法。

活动 28 水火无情，时刻警醒

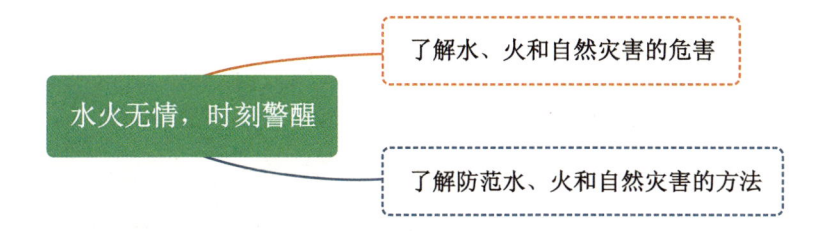

```
水火无情，时刻警醒 ——— 了解水、火和自然灾害的危害
                 └── 了解防范水、火和自然灾害的方法
```

活动目标

1. 认识溺水、火灾以及自然灾害的危害。
2. 增强防范溺水、火灾及其他各类灾害的意识。
3. 掌握基本的消防知识和技巧。

活动探究

情境导入

教育部办公厅关于预防学生溺水事故
切实做好学生安全工作的通知
（教督厅〔2015〕1号）（摘录）

随着夏季到来，学生涉水、游泳行为增多，为切实避免溺水事故，保障学生安全，现将有关要求通知如下：

一、加强预防溺水安全教育。各级教育行政部门和学校要从溺水安全事故中吸取深刻教训，将安全工作重心切实转移到预防上来，结合工作实际，开展有针对性的预防溺水安全教育。要通过当地新闻媒体、校园网、校园广播、宣传栏、班团会等传统载体以及 QQ 群、微博、微信公众号等新媒体，宣传介绍预防溺水安全常识，落实好教育部防溺水工作"六不准"要求，切实提高学生预防溺水的警惕性和自觉性。近期，各学校要广泛开展一次预防溺水教育活动，切实保障学生安全。

二、做好危险水域安全防范。各级教育行政部门和学校要主动向当地党委、政府汇报，组织有关部门加强重点水域安全管理，普遍开展对学生溺水安全隐患排查巡查，及时在危险路段及水域设置安全警示标牌，设立安全隔离带、防护栏，做到及时发现险情，及时消除隐患。

三、完善溺水安全防范预案。各级教育行政部门和学校要制订详细的安全防范预案，落实好安全责任制，为预防溺水工作提供有力的制度保障。各学校要通过印发《告家长书》、家庭访问、家长会等形式，加强与家长的联系，增强家长安全意识和监护人责任意识。要严格学生请假制度，对未请假擅自离校的学生及时与家长取得联系，了解学生离校的原因，并建立制度严格要求学生不得到危险水域嬉水或游泳。

四、健全事故信息报告制度。各级教育行政部门和学校要严格按照教育部有关文件要求，对涉及学生溺水伤亡事故要及时报告。对于迟报或瞒报的要追究单位领导责任。

各级教育行政部门要迅速将本通知精神传达到每一所中小学校、每一名学生、教师和家长，并认真抓好贯彻落实。

教育部办公厅
2015 年 4 月 28 日

学生思考

如何避免溺水事件的发生？

✽ 知识探究

水火无情，万分之一的概率，也会造成百分之百的伤害。同学们无论何时何地，都要杜绝侥幸心理，做好风险防范措施。要怎么做？看看以下这些关键点！

1. 防溺水的安全建议

（1）不在野外河道、湖泊等情况不明的水域游泳。

（2）不宜在水温较低的水域游泳。

（3）游泳或划船时，不要饮酒，不服用引起嗜睡的药物，有条件要备好救生衣。

（4）水上作业人员应该定期体检，并掌握一些心肺复苏技能。

（5）发现溺水，立即拨打120，在等待救援的同时科学施救。水中实施救援切忌盲目；如果环境危险，先拨打119求救；尽量利用绳索、救生设备施行岸上救援；尽量多人施救，避免单人行动。

2. 防火灾的安全建议

（1）控制可燃物。如建筑房子时用水泥代替木材，将容易燃烧的物质和其他物品做好隔离保存。

（2）隔绝助燃物。有些易燃物品要用隔绝空气的方法存储，如二硫化碳用水封存放，将钠存于煤油中等。

（3）控制引火源。比如直接禁止明火、控制温度等措施。

（4）发现火灾，不要纠结于教科书式逃生，如找棉被打湿后裹在身上再跑……因为这一系列的动作没有1分钟以上无法完成，而面对还达不到"不裹不能跑"的情形，这1分钟足以让人致命，所以正确的做法是做好判断，该跑的拔腿就跑，该阻燃的即刻阻燃。

3. 洪水灾害的安全建议

（1）受到洪水威胁，如果时间充裕，应按照预定路线，有组织地向山坡、高地等处转移；在措手不及，已经受到洪水包围的情况下，要尽可能利用船只、木排、门板、木床等，做水上转移。

（2）洪水来得太快，已经来不及转移时，要立即爬上屋顶、楼房高层、大树、高墙，做暂时避险，等待援救。不要单身游水转移。

145

（3）在山区，如果连降大雨，容易暴发山洪。遇到这种情况，应该注意避免渡河，以防止被山洪冲走，还要注意防范山体滑坡、滚石、泥石流的伤害。

（4）发现高压线铁塔倾倒、电线低垂或断折，要远离避险，不可触摸或接近，以防止触电。

（5）洪水过后，要服用预防流行病的药物，做好卫生防疫工作，避免发生传染病。

4. 雷雨天的安全建议

（1）雷雨天，不要靠近高压变电站、高压电线以及孤立的高楼、烟囱、电线杆、大树、旗杆等，更不要站在空旷的高地上或在大树下躲雨。

（2）打雷下雨，正在野外，要摘下金属架眼镜、手表、皮带；若是骑车旅游，要尽快离开自行车；不用有金属立柱的雨伞；在郊区或露天操作，不要使用金属工具，如铁撬棒等。

（3）在市区内躲避雷阵雨，需远离金属物体、铁栏杆、高大广告牌等，不要站在屋檐下或挤在商场门口躲雨，最好进入室内静候"雨过天晴"。

（4）雷雨天里，避开水域，不要去江河湖边游泳、划船、垂钓等。

（5）雷雨天，如果身边有人不幸被闪电击中，建议及时呼救并拨打120（不可用有线电话），同时注意查看自己所处位置不会遭受二次雷击。将受害者挪到相对安全的地方，判断受害者是否还有呼吸和心跳，以30次胸外按压、2次人工呼吸的比例进行施救，直到医护人员到达。

5. 地震灾害的安全建议

根据国际救援组织的共识，地震发生后的72小时内是生存的关键时间。

（1）避免盲目乱跑。2019年容县地震和2021年漾濞地震中的伤者，多为不当奔跑导致。

（2）在平房和一楼的，如果外面有空旷广场，可以第一时间跑出去。

（3）在二楼以上，或者没有空旷地方的，第一时间就地避险，再有序撤离。

（4）避震法则即伏地、遮挡、手抓牢。如护着头部躲在牢固的家具下，并抓紧家具的腿，做好大幅度摇摆晃动的准备。

除了溺水、火灾、洪水、雷击、地震，还有其他的一些自然灾害或事故灾难，比如森林火灾、海啸、泥石流、火山爆发、台风、暴雨暴雪、危化品爆炸等。为了避免灾害发生时造成严重的伤害，平时我们应该树立应急防灾意识，认真学习、积累防灾减灾知识，多参加灾害预防演练，做到居安思危，每个人心中有事故、灾难应急预案，有备无患。同时要记住，一旦遇到大灾难，要快速响应，采取最简单、最能提高生存概率的方法，之后再冷静下来思考下一阶段的自救措施。

活动体验

学

开展地震逃生演练。

请同学们听到广播警报后，进行地震逃生演练，按照相关线路离开教学楼，要求依序、快速、安全。

练

开展消防演练。

（1）观看火灾逃生视频。

（2）组织全班进行实地消防演练，可由保卫部门组织，找一块安全地域，在空的汽油桶里点火，要求用灭火器灭火。请专业人士实际讲解灭火器使用方法并进行示范，同学们实地演练。

活动回顾

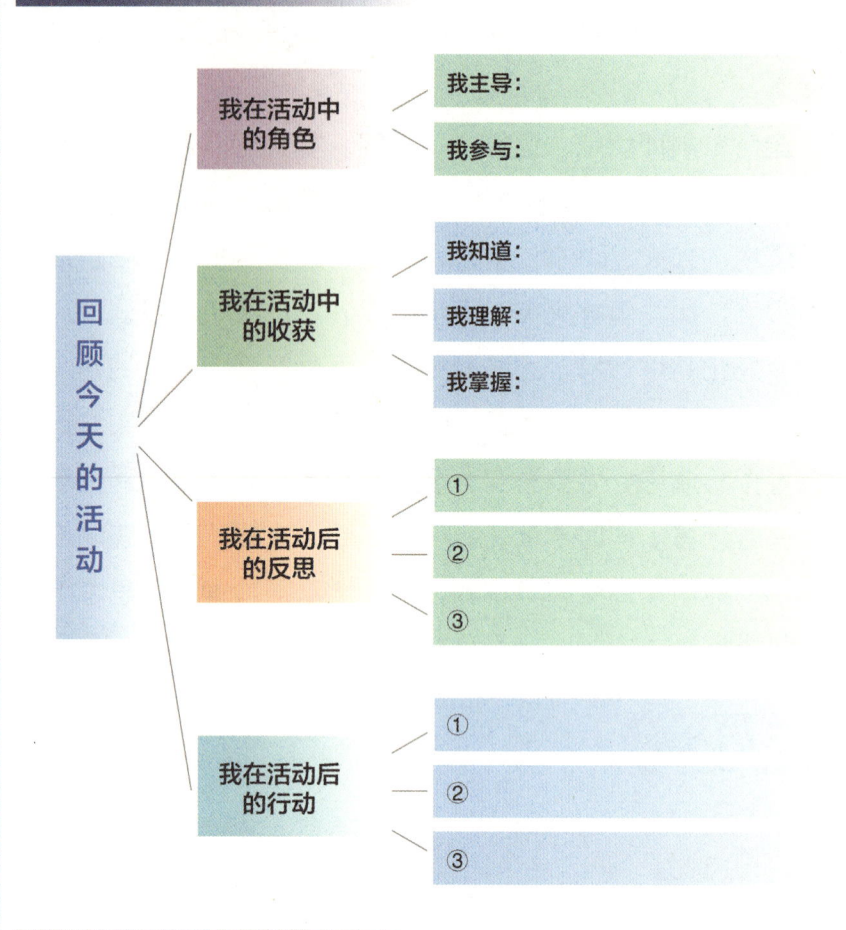

回顾今天的活动
- 我在活动中的角色
  - 我主导：
  - 我参与：
- 我在活动中的收获
  - 我知道：
  - 我理解：
  - 我掌握：
- 我在活动后的反思
  - ①
  - ②
  - ③
- 我在活动后的行动
  - ①
  - ②
  - ③

活动延伸

想

1. 电影推荐：《勇往直前》。

请同学们观看电影后，写出 100 字以上影评。

2. 阅读：其他灾难简介及预防和逃生方法。

请同学们阅读后，写下自己的阅读记录。

活动 29　气候变化，人类命运

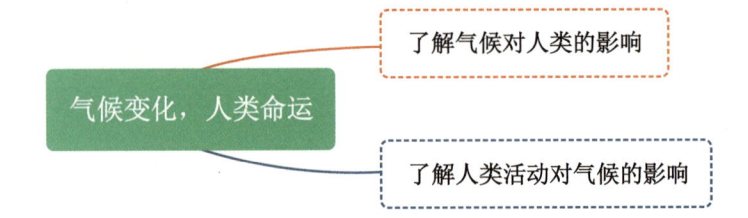

气候变化，人类命运
- 了解气候对人类的影响
- 了解人类活动对气候的影响

活动目标

1. 认识气候变化对人类生存生活的重大影响。
2. 低碳生活，环保出行，用行动减少对气候的影响。

活动探究

情境导入

工业革命以来，随着人类活动加剧，大量温室气体的排放导致地球表面平均温度不断上升，对水资源和水环境带来了诸多影响。例如，全球变暖导致两极冰川消融，大量淡水流入海洋，同时，海洋升温使得海水膨胀，让全球平均海平面年年上升。全球变暖加速了水循环过程，不但改变了降雨模式，对蒸散发、径流等也产生影响，而且加剧了诸如干旱和洪水等极端事件的发生概率，影响水安全。

对于降水而言，气候变暖会影响降水量和降水结构。大量观测数据表明，中高纬度地区和热带地区一般呈现出降水量增加的趋势，而副热带地区一般呈现出降水量下降的趋势，这样就出现了干的地方越干、湿的地方越湿的局面。

以中国为例，近 50 年来，中国年平均雨日总体呈下降趋势，主要是小雨日数减少比较明显（小雨日数减少 13%），而暴雨日数不但没有减少，反而呈现增加趋势（增加了10%）。雨日特别是小雨日数减少，意味着干旱风险的增加；而暴雨日数的增加，就意味着短历时强降水事件的频率在增加；城市内涝等风险会增加。每年夏季，许多城市因为强降水而导致"看海模式"，就是全球变暖背景下，与降水相关的极端事件增加的表现。

学生思考

全球气候变暖、海平面上升对人类有什么影响？

知识探究

1. 气候变化对人类活动的影响

气候变化是指不同时间尺度的气候演变，主要表现为不同阶段的冷、暖和干、湿的叠加交替。一般来说，气候变化是以某些与平均天气状况有关的特征，如温度、降水量、风等要素的变化来度量的。

气候变暖导致臭氧层破坏、酸雨危害、物种减少、全球水资源危机、土地沙漠化、水土流失等各类问题不断浮现，已经开始影响并制约人类的生存和发展。

（1）生态上，全球气候变暖导致冰川融化、海平面上升，改变了气候格局，水热资源的空间分布格局被破坏，功能失调造成生态危机，大量物种赖以生存的环境遭到破坏，破坏了生物链和食物链，一些物种面临灭绝危险。

（2）气候上，全球气候变暖改变了降水区域，极端天气和气候事件（如雷暴、风暴、沙尘暴、洪水、热浪等）频发，而非洲地区的干旱不断。

（3）全球气候变暖对农耕作物产生直接影响，改变粮食产量和耕作方式。

（4）随着气候变暖，空气中的臭氧浓度增加，破坏人的肺部组织，引发哮喘或其他疾病。超高气温和自然灾害引发某些疾病的流行，直接危害人类健康。

2. 作为地球公民，面对气候变化，我们又能做什么

科学数据证明，当前严重威胁人类生存与发展的气候变化主要是工业革命以来人类活动造成的二氧化碳排放所致。应对气候变化的关键在于"控碳"，其必由之路是先实现碳达峰，而后实现碳中和。为此，我们必须坚持：

（1）改变出行方式，少开车。我们要尽量少开私家车，选择公共交通工具、骑自行车等绿色环保方式出行，减少车辆排放二氧化碳等有害气体量。少开车还能减少道路拥堵问题。

（2）改变生活习惯，重节能。尽量选择节能型家用电器，比如选用效率更高的空调设备，减少空调或者供暖方面的能耗和排放。日常在自然光充裕的情况下不开灯，尽量使用荧光灯，减少电器待机状态，重复使用购物袋等，都是减少气候污染的好方法。

（3）积极参与植树造林。植物通过光合作用制造氧气，吸收二氧化碳，可以消耗人类排放到空气中的大量二氧化碳，植树造林还可以防止水土流失。树木的蒸腾作用可以增加空气湿度。植物可以为动物提供栖息地，发挥各种动物对环境的影响，有利于保持生态平衡。

活动体验

说

1. 查看气温升高，海平面上升到什么高度后，将有哪些城市被海水淹没。推测海平面上升多少将会淹没你所在的城市。

2. 我国计划在 2030 年前实现碳达峰，2060 年前实现碳中和。查看资料了解什么是碳达峰和碳中和，写一份个人为中国实现碳中和做贡献的实施方案，并在班上分享。

◆ 演

"好雨知时节""瑞雪兆丰年"，水是气候变化最直接和最重要的影响领域。请以"善待生命之源——水"为主题展开演讲。

◆ 算

碳排放和我们每天的衣食住行息息相关。日常生活中我们的碳排放有多少呢，来看看如下公式（此处仅供参考，不作为科学依据）：

家居用电的二氧化碳排放量（千克）=耗电度数×0.785

开车的二氧化碳排放量（千克）=油耗公升数×0.785

火车旅行的二氧化碳排放量=里程（千米）×0.04

家用天然气二氧化碳排放量（千克）=天然气使用量（立方米）×0.19

社会参与能力

家用自来水二氧化碳排放量（千克）=自来水使用吨数×0.91

同学们计算下身边的碳排放量，如：班级的空调碳排放量是多少？今日的午餐碳排放量又是多少？

活动回顾

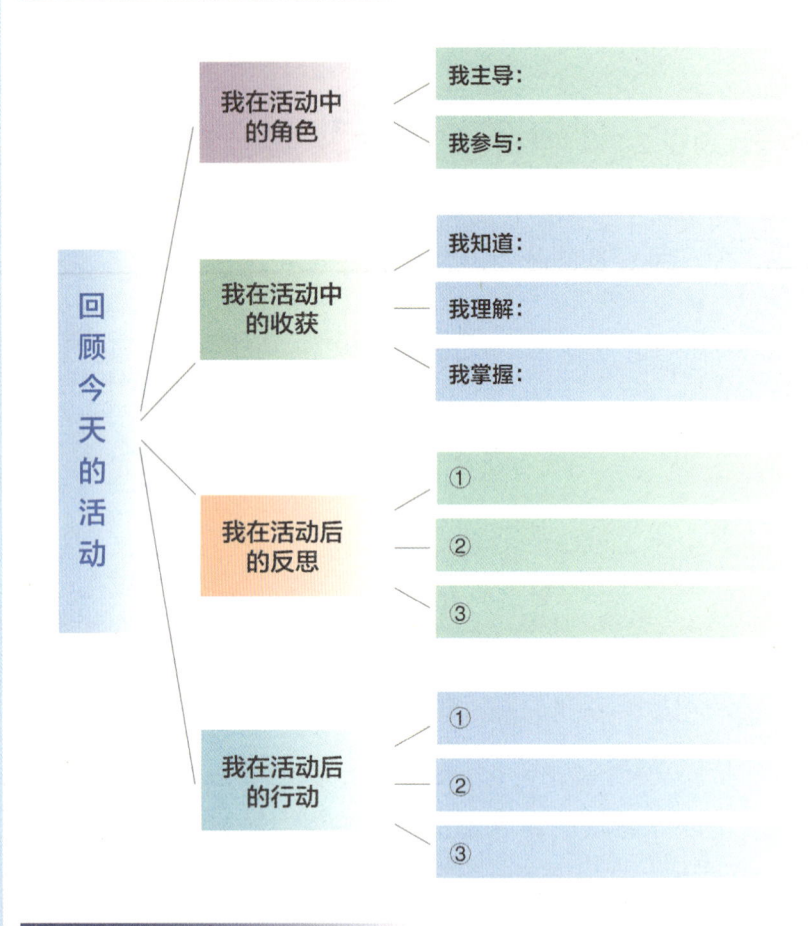

回顾今天的活动
- 我在活动中的角色
  - 我主导：
  - 我参与：
- 我在活动中的收获
  - 我知道：
  - 我理解：
  - 我掌握：
- 我在活动后的反思
  - ①
  - ②
  - ③
- 我在活动后的行动
  - ①
  - ②
  - ③

活动延伸

◆ 想

1. 视频推荐：《气候变化的科学》第 3~4 集气候为什么会变暖（上、下）写下你的感受。

154

2. 查阅我国南水北调工程的相关资料，写下自己的感受。

社会参与能力

活动 30 技术推动人类文明的发展

技术推动人类文明的发展
— 了解技术的基本概念
— 了解技术改变人类生活

活动目标

1. 理解技术的产生与人类需要之间的关系。
2. 增强学习技术、提高技能的行动自觉。

活动探究

情境导入

在天津召开的第四届世界智能大会上，天津（西青）国家级车联网先导区的建设实施方案对外发布。在这个区域内，智能网联汽车也就是我们俗称的无人驾驶汽车正在加紧场景测试和技术创新。

将天津南站周边的现实环境数字化，植入小巴车的"大脑"，将小巴车和现实场景形成物联网。未来通过天津南站车联网场景的建设，无人小巴车将实现短途接驳的功能，解决公共交通在换乘过程中的"最后一公里"的出行问题。

请同学们观看相关的视频并思考以下问题。

学生思考

由智能技术带来的便利改变了我们的生活，想一想：还有哪些智能技术让你觉得很方便呢？

活动 30

✦ 知识探究

人类进入互联网时代，电子政务、电子商务、移动支付、智慧城市、共享经济、文化娱乐……网络无处不在，无时不有。而这背后都是以互联网为基础，以新一代信息技术作为支撑。技术始终是时代变革和发展的风向标，它改变人们的生活、学习、工作、交流、出行、娱乐等方方面面。作为新时代技术工人，我们不能仅盯着自己的专业技能，而应该关注技术的新变化和发展趋势，树立科学精神，培养热爱技术的情感和技能报国的情怀。同时发扬工匠精神，精益求精，追求卓越技能，成长为时代的骄子。

技术的萌芽阶段可追溯到远古时代。那时，人类获得衣食的主要途径是捕猎和采摘植物果实。人类刚开始利用工具进行捕猎和采摘活动时，就产生了技术。用木棒捕猎，不仅可以提高捕猎的效率，并能更好地保护自己；捕猎回来后用带刃的石块来切割兽肉……后来人们将石头制成了石刀、石斧、石锄，用兽骨制成了骨针。可见，技术最早源于人类寻找、生产食物，制作衣服以及与野兽搏斗等生存的基本需要。

随着人类社会的发展，技术也在不断地进步。蒸汽机技术的发明和改进源自矿井排水和其他的动力需求；飞机的发明源于人类对在天空中飞翔的向往；载人航天飞船则是满足人类探索宇宙空间的强烈愿望。技术的进步源于人类改变自身生存条件、改造自然的愿望。技术是人类改造自然的工具与方法。

科学技术对推动人类文明进步起到重要作用。一是促进生产力的发展。例如，过去组装一台汽车，要十几个技术工人花费一天的时间，现在的自动化装配线，一天可以组装1000多台或更多汽车；二是提高人们的物质和精神生活水平。例如，飞机、轮船、汽车等给我们提供交通便利，宇宙飞船还可以带我们遨游太空；电视、洗衣机、冰箱、音响等，提高了我们家庭生活质量；移动电话让我们把世界握在手心里，让我们与世界沟通无限。总之，科学技术对于人类生产、生活、健康、社会管理等各个领域都产生深刻影响，对于人类物质文明和精神文明的发展起到了重要的助推作用。

活动体验

看

在老师的指导下查找有关世界技术进步的文章和视频，并思考：哪些技术对人类文明产生了巨大影响？请列举3~5个。

想

举出一些你所熟悉的技术发明的例子，试分析这些发明产生的原因。

写

分析下列技术的产生分别满足了人们的哪些需求。

造纸技术	
新能源汽车技术	
智能感应电灯技术	
CT影像技术	

活动回顾

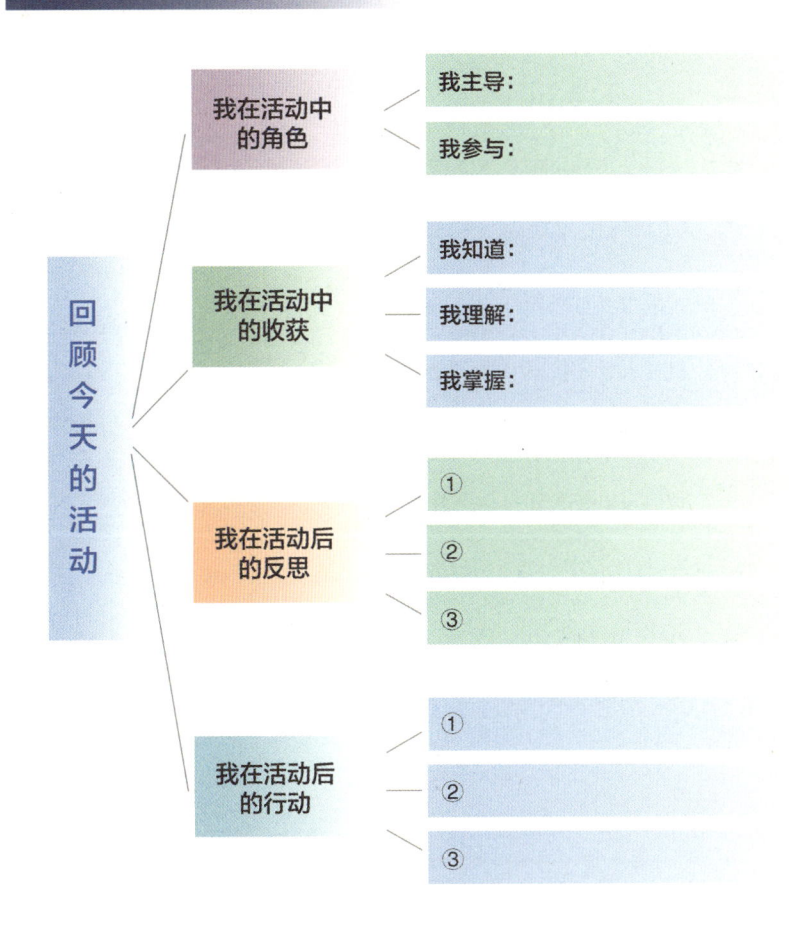

- 回顾今天的活动
  - 我在活动中的角色
    - 我主导：
    - 我参与：
  - 我在活动中的收获
    - 我知道：
    - 我理解：
    - 我掌握：
  - 我在活动后的反思
    - ①
    - ②
    - ③
  - 我在活动后的行动
    - ①
    - ②
    - ③

活动延伸

◆ 想

1. 当前我们正处在一个信息化的社会，每天都会与计算机、手机等电子设备打交道，这些电子设备通过技术革新和进步切实改变了我们的生活。其中，有一些视频、图片、音频编辑软件的使用还是有一些技巧的，请选取一款实用性软件并深入学习其使用技巧，向全班同学展示你的技术和作品。

2. 从下列被称为即将改变人类的技术中勾选你期待的技术，并和同学们分享你对未来技术的创想。

序号	未来科技	点赞请打√
1	太空旅游技术	( )
2	移民其他星球技术	( )
3	太空工作的机器人技术	( )
4	自动驾驶汽车技术	( )
5	水陆空都可以运行的汽车技术	( )
6	机器人管家技术	( )
7	时空隧道列车技术	( )
8	智能家电技术如自动下订单冰箱	( )
9	3D 打印技术	( )
10	5G 网络技术	( )
11	你想到的未来科学技术	( )

活动 31 热爱技术，报效祖国

热爱技术，报效祖国
— 了解热爱技术是工匠精神的基本素养
— 了解培养技术情感的途径

活动目标

1. 认识热爱技术情感的重要性。
2. 自觉学习技术、钻研专业技术。

活动探究

情境导入

转向架是高速动车组关键技术之一，其中的"定位臂"是核心部位。高速动车组运行时速 200 多千米时，"定位臂"要承受近 30 吨的冲击力，定位臂和轮对节点必须有 75% 以上的接触面间隙小于 0.05 毫米，才能保证行车安全。

原铁道部四方机车车辆厂宁允展（全国道德模范、大国工匠、全国最美职工）是国内第一位从事高铁转向架"定位臂"研磨的工人，为了开展技术研究，他自费在自己家的小院子内安装了车床、打磨机和电焊机，把家里改造成了研究新技术、新方法的"第二厂房"。功夫不负有心人，经过半年多的研究，他发明的"风动砂轮纯手工研磨操作法"，将研磨效率提高了 1 倍多，接触面的贴合率从原来的 75% 提高到 90% 以上，间隙小于 0.05 毫米。他发明的"精加工表面缺陷焊修方法"，修复精度高达 0.01 毫米。

宁允展 19 岁从技工学校毕业后参加工作，专心钻研技术，20

社会参与能力

多年如一日，不当班长不当官，一心一意做手艺。他说："我不是完人，但我的产品一定是完美的。要做到这一点，需要一辈子踏踏实实做手艺。"

学生思考

宁允展的事迹给我们什么启发？写下100字左右的感想。

知识探究

职业学校学生的主要任务是学习技术，熟练掌握技术，培养热爱技术的情感，所以，端正学习态度，积极探索技术，成为社会需要的合格高技能人才，有重要的意义。

第一，热爱技术是工匠精神的基本素质和品质。"一念执着，一生坚守"，无数工匠就是因为对技术的执着与热爱，数十年如一日或终其一生，刻苦钻研，精益求精，把技能或产品做到了极致。例如，大国工匠中的吊车司机能操作大吊车将"针"吊入十几米外的啤酒瓶中；焊接师傅在牛皮纸一样的钢板上焊接，但钢板上没有一丝漏点。技术看似平淡无奇，但练成绝活就是奇迹，支撑其一直坚守实现奇迹的是对技术的挚爱之情。所以，职业院校学生要有意识地培养自己热爱技术的情感，这样才能对自己的职业做出良好的规划，也有利于在学习和工作中形成良好的精神面貌与心理状态。

而良好的心理素养又是提高技能、将技能发挥到极致的精神支柱。正所谓"热爱是最好的老师",热爱技术的情感是技术水平快速提高的强大动力。

第二,培养热爱技术的主要途径。并非选择了某个专业就自然而然地形成热爱技术之情,还要积极思考、主动作为。具体可以从以下几个方面培养自己的技术热爱情感。

(1)经常保持对技术的好奇心。爱因斯坦曾说,我没有特别的天赋,我只有强烈的好奇心。牛顿小时候常在苹果树底下冥想,为什么苹果总是往地上掉,其他东西也是掉到地上,而不是往天上飞呢?正是出于好奇心,牛顿发现了万有引力定律。不是只有自己所学的专业技术才是技术,我们要多认识新鲜事物,对生活中遇到的一切技术都保持好奇心,经常进行思考。当然,对所学技术和关联知识要有更多的探索欲望。

(2)经常保持批判质疑的态度。对于专业知识,从理论到实践,经常保持批判质疑的态度,发扬"打破砂锅问到底"的精神,对待任何疑问,要多问,多与人沟通,多讨论,多查阅相关资料。要有不搞清楚、不弄明白决不罢休的坚持。

(3)养成实践探索的行为习惯。要知道梨子的味道,就得亲口尝一尝。信"书"但不唯书,信"上"但不唯上,信老师但不以老师为绝对权威。"我爱老师,但我更爱真理"。要深入了解和理解事物,必须亲自去实践。

第三,热爱到深处便会创造奇迹。袁隆平热爱杂交水稻,终于成为"杂交水稻之父",为解决我国粮食安全和世界粮食危机做出巨大贡献;詹天佑从小酷爱来自西方的一些机器物件,后来成为中国第一条自主建造铁路——京张铁路的总设计师,成为"中国铁路之父";南仁东因酷爱天文学,二十余年只做一件事——探索未知空域,在他的主导下,世界最大口径的射电望远镜在贵州深山中落成,他因此成为"中国天眼之父"。热爱是最好的老师,热爱是通向成功的最大动力。作为新时代的职业院校学生,我们应该专注于自己的专业技能,专注于自己的职业理想,为社会主义现代化建设做出积极的更大贡献。

社会参与能力

活动体验

◆ 填

从小时候起，到现在你所学过的生活、学习、游戏等技术（在你学过的技术后打√，以下没有列出的自己补充）。

洗碗	骑自行车	组装玩具	种菜
炒菜	打陀螺	电脑打字	插秧
安装水龙头	跳绳		种花
	游泳		

◆ 讲

我们的奇思妙想。

全班分为五个小组，分别想一想：为残疾人（从盲人、聋哑人、双腿残疾、双手残疾中任选一项目）解决生活、学习、工作或出行交流困难的新产品，写出制作思路、技术特点等，各组分别派一个代表在班上讲解。

◆ 评

各组选一人作为评委，对各组的奇思妙想方案进行评价打分，评出若干优秀作品。

活动回顾

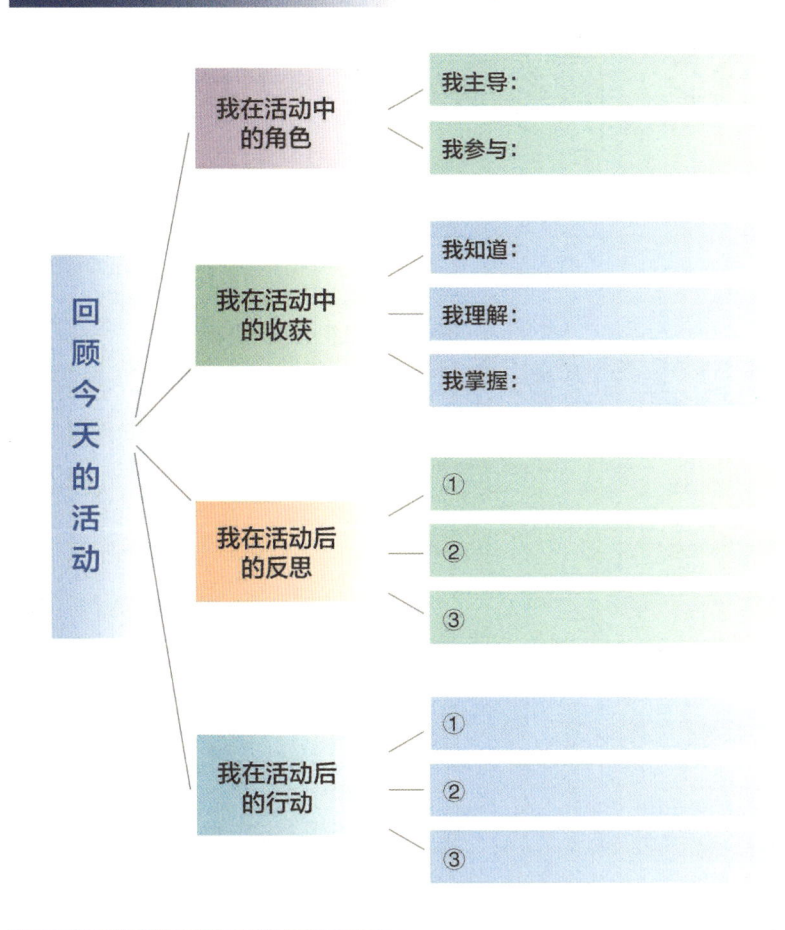

```
回顾今天的活动
├── 我在活动中的角色
│   ├── 我主导：
│   └── 我参与：
├── 我在活动中的收获
│   ├── 我知道：
│   ├── 我理解：
│   └── 我掌握：
├── 我在活动后的反思
│   ├── ①
│   ├── ②
│   └── ③
└── 我在活动后的行动
    ├── ①
    ├── ②
    └── ③
```

活动延伸

◆ 想

查找大国工匠胡双全的故事，并写出自己的感想。

活动 32 学会系统思考，优化工作流程

```
                                ┌─────────────────────────────┐
                                │ 学习古人系统思考办大事的智慧 │
┌──────────────────┐            └─────────────────────────────┘
│ 学会系统思考，优化│
│   工作流程       │            ┌─────────────────────────────┐
└──────────────────┘            │ 学会系统思考，优化工作流程  │
                                └─────────────────────────────┘
```

活动目标

1. 树立系统思考观念。
2. 提高系统思考能力。

活动探究

情境导入

大江大湖大武汉是名副其实的"桥都"。据统计，在武汉区域内的长江大桥就有 11 座，其中闻名中外的武汉长江大桥被誉为"一桥飞架南北，天堑变通途"的南北交通大动脉。从 2019 中国桥博会上获悉，自四川宜宾以下，我国已在长江干流上建成各类长江大桥 115 座。

据介绍，这 115 座长江大桥中，按桥型分，共有梁桥 27 座，斜拉桥 57 座，悬索桥 22 座，拱桥 9 座；按功能分，共有公铁两用桥 9 座，铁路桥 9 座，公轨两用桥 4 座，人行桥 2 座，管道桥 1 座，其余均为公路桥。

经过数十年的自力更生与不断创新，中国桥梁已逐渐成为一张闪亮的名片。据统计，在目前（2019 年）世界排名前 10 的跨海桥梁中，中国占 6 座，悬索桥中占 6 座，斜拉桥中占 7 座，拱桥中占 7 座，梁

桥中占 5 座。一座座特大桥梁建设，不断书写着大国工程的传奇。

学生思考

以一座具体桥梁建设为例，说一说桥梁建设要思考哪些工作？

知识探究

系统思考就是要树立整体观和全局观，要对工作做全面的思考，要权衡每一步工作的优劣、利弊、得失，在动手工作前就要把工作流程设计好，预估工作推进的每一步的结果以及这一结果对下一步的影响，不断优化工作流程，让工作达到预期的效果。即不能就事论事、顾此失彼。基本方法是：走一步，看两步，想三步。看到长远的，处理眼前的；看到全局的，把握局部的；看到动态的，掌握静态的。

1. 看古人是如何通过系统思考办成大事的

据文献记载，北宋真宗年间皇宫曾起火。一夜之间，大片的宫室楼台殿阁亭榭变成了废墟。为了修复这些宫殿，皇帝派得力大臣主持修缮工程。当时要完成这项重大的建筑工程，面临着三个大问题：

第一，需要把大量的废墟垃圾清理掉；

第二，要运来大批木材和石料；

第三，要运来大量新土。

不论是运走垃圾，还是运来建筑材料和新土，都涉及大量的运输问题。

大臣研究了工程之后，制定了这样的施工方案：

第一步，从施工现场向外挖了若干条大深沟，把挖出来的土作为施工需要的新土备用，于是就解决了新土问题。

第二步，从城外把汴水引入所挖的大深沟中，于是就可以利用木排及船只运送木材、石料，解决了木材、石料的运输问题。

第三步，等到材料运输任务完成之后，再把大深沟中的水排掉，把工地上的废墟垃圾填入沟内，使沟重新变为平地。

2. 以解决问题为导向，把事情办成

曾经有一条没有路灯的道路，一到晚上就会出现安全方面的隐患。

面对这样的难题，社区采用了一种简单而又巧妙的方法来处理这个事情——给这条路装上路灯。

一到天黑灯就亮了起来，人们从这里经过能够看得很清楚，内心觉得安全了很多，即使有危险也能很快发现。而那些犯罪分子因为不好隐藏，也不敢在这里作案。

因为这个方案比较节约成本、效果很好，越来越多的路被点亮起来，社区居民的安全感和幸福感也越来越高。

现实中的类似问题比比皆是，不论是增加警力，还是提醒民众注意绕行，都是为了解决问题。

用系统思维解决问题，解决路径不是只有一个，但不管用什么方法，先解决问题，可能是不起眼的东西、可能是复杂的程序，但只要能解决，后面再想是否好看、是否"高级"。

3. 任务分解量化，是行动的智慧

在 1984 年东京国际马拉松邀请赛中，名不见经传的日本选手山田本一出人意外地夺得了冠军。

两年后，意大利国际马拉松邀请赛在意大利北部城市米兰举行，山田本一代表日本参加比赛。这一次，他又获得了冠军。

山田本一本性木讷，不善言谈，每次回答取胜原因都是同一句话：用智慧取胜。

他在自传中这么说：每次比赛前，我都要乘车把比赛的线路仔细地看一遍，并把沿途比较醒目的标志画下来，比如第一个标志是银行，第二个标志是一棵大树，第三个标志是一座红房子……这样一直画到赛程的终点。

一个看似不可能完成的任务，把它分解量化，一步步地实现，这是行动的智慧。

当我们遇到工作中的任务时，可运用逆向思维，搞清楚解决总问题要遇到哪些分问题，排列出来，再找出解决这些分问题的方法，并注意解决各问题的关联问题，这就是任务分解量化体现的行动智慧。

活动体验

说

1. 请查找系统思考的典型案例，谈谈学习感想。

2. 采访你身边的工程师，了解他们的成长经历，并分享给大家。

想

从所学专业出发，谈一谈如何培养专业上的系统思维能力。

社会参与能力

活动回顾

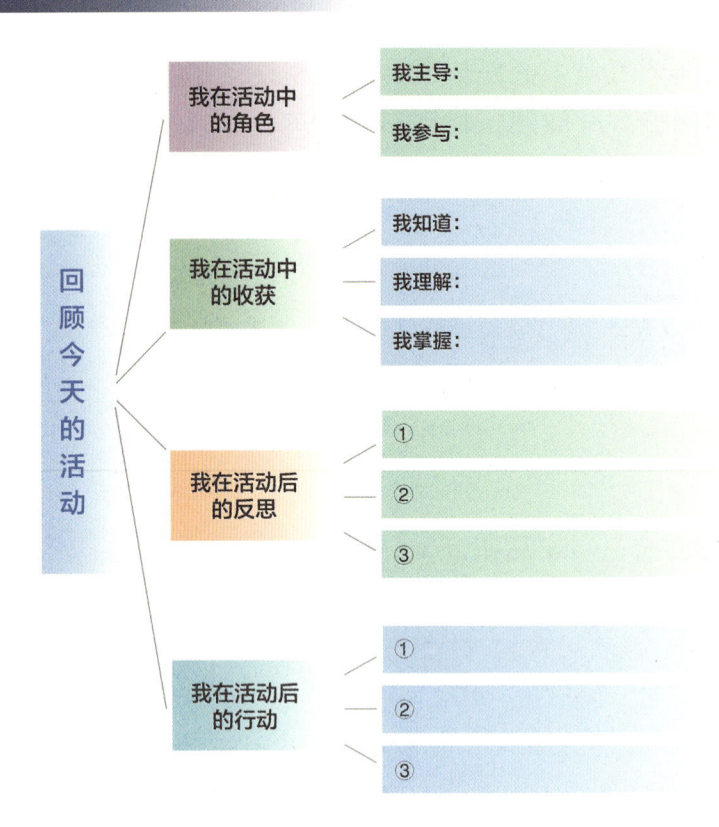

回顾今天的活动
- 我在活动中的角色
  - 我主导：
  - 我参与：
- 我在活动中的收获
  - 我知道：
  - 我理解：
  - 我掌握：
- 我在活动后的反思
  - ①
  - ②
  - ③
- 我在活动后的行动
  - ①
  - ②
  - ③

活动延伸

◆ 想

在老师的指导下查找并观看视频《大国重器》（第二季）。

中国是世界重要的制造业大国，500多种主要工业产品中有220多种产量位居世界第一。从大兴国际机场到川藏铁路工程，从中国高速铁路拉动一个个产业基地，到中国核工业产业链上一个个尖兵，它们托起了冶金、轴承、型材、精密仪器等数十个高端装备行业的自主创新。大国工程的建设离不开系统思考的运用。

思考并写下你的感受。

活动 33 制定技术方案，工作有条不紊

```
                ┌─ 了解技术方案制定的要求
制定技术方案，工作 ┤
    有条不紊    └─ 了解技术方案的基本模板
```

活动目标

1. 理解技术方案的重要性。
2. 学会制定技术方案的方法。

活动探究

情境导入

湖南省是柑橘产销大省，长期以来，因为柑橘的储存问题没有得到有效解决，使果农和经销商蒙受重大损失。某农业科学研究所对此开展相关调研，结合具体情况制定了技术方案和参数，并对农户进行了技术培训。这个技术方案和参数，已被确定为柑橘产地初加工项目建设与验收的技术依据。农户根据方案建设大棚通风库，用于柑橘"小睡"；建立冷藏库，用于柑橘"深睡"。这种让柑橘"休眠"的方法，可以防止柑橘腐烂变质，延长销售时间，为农户减损增收创造了条件。

学生思考

举例说明：我们身边有哪些改变生产和生活方式的技术方案？

171

知识探究

1. 技术方案的制定要求

为了研究解决各种技术问题，我们要有针对性、系统性地提出对应的解决措施和方案。一般来说，技术方案的制定应该满足以下要求：

（1）思路清晰，明确要做什么；

（2）计划周详，明确怎么做；

（3）结果明确，明确做得怎么样。

例如，公司要对一台新能源汽车进行投产，需要进行技术方案制定。一般来说，首先，要描述汽车的轮廓，确定汽车的用途，是乘人还是载物，容量多少，安装什么系统和发动机，筛选哪些供应商。其次，对汽车制造进行工作方案制定，包括制造设备、车间安排、人员配备等。再次，对汽车投产过程中的安全、风险问题进行评估和规避。最后，要对汽车投产进行时间界定，明确每个阶段的生产目标和任务。

2. 技术方案模板

技术方案内容广泛，可以是生产方案、管理方案、工程技术方案、健康管理技术方案等。技术方案的制定一般包括以下内容：

（1）背景，主要说明业务情境、存在的问题和目标。

（2）技术选型，主要对可选技术进行介绍、对比。

（3）技术详细方案，主要介绍技术路线、方法等。

（4）工作安排，包括工作量、人员分工等。

（5）风险评估，对技术项目进行风险评估。

（6）时间安排，确定每个任务的具体完成时间。

（7）备注。

活动体验

◆ 写

从所学专业出发，找一个问题，撰写一篇简要的技术方案。

活动回顾

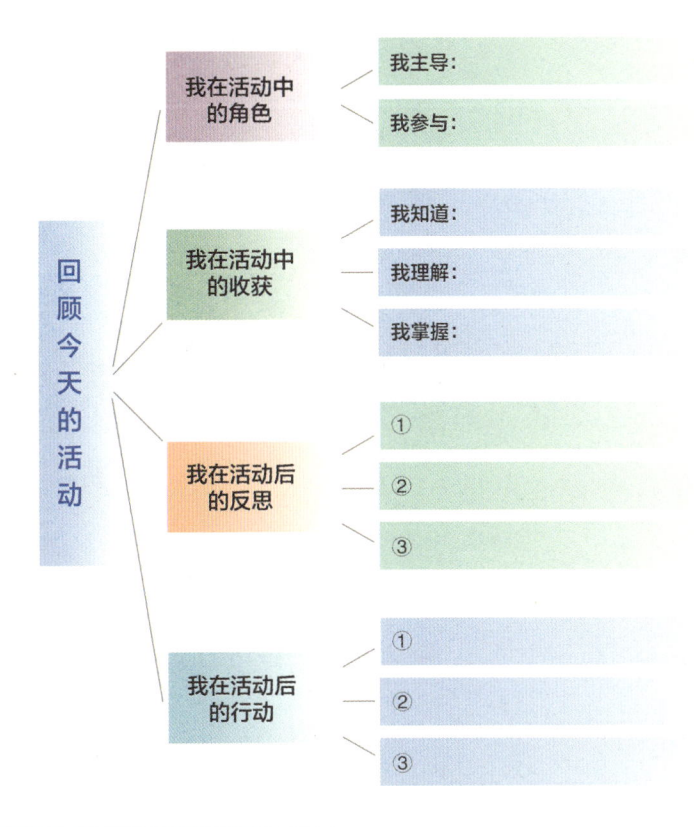

回顾今天的活动
- 我在活动中的角色
  - 我主导：
  - 我参与：
- 我在活动中的收获
  - 我知道：
  - 我理解：
  - 我掌握：
- 我在活动后的反思
  - ①
  - ②
  - ③
- 我在活动后的行动
  - ①
  - ②
  - ③

活动延伸

◆ 想

在老师的指导下观看视频：《关于切实解决老年人运用智能技术困难的实施方案》。

社会参与能力

　　随着我国老龄人口快速增长，不少老年人不会上网，不会使用智能手机，在日常出行、就医、消费等场景中遇到不便，老年人面临的"数字鸿沟"问题日益凸显。智能技术使用障碍看似是一件日常生活中的平凡小事，实则事关亿万老年人的切身利益，是一项政府高度重视、全社会普遍关心的大事。

　　想一想：你的爷爷奶奶有智能技术使用障碍吗？请为他们拟定一套智能技术应用的解决方案。

活动 34 技术创新，社会更进步

技术创新，社会更进步 —— 了解发明和革新的基本概念

技术创新，社会更进步 —— 了解发明和革新推动技术的发展

活动目标

1. 能够观察和了解产品所应用的技术。
2. 大胆自信地对技术的发展提出自己的见解。

活动探究

情境导入

现代家庭普遍拥有的家用电器之一就是洗衣机，它被誉为历史上 100 个最伟大的发明之一。它让人们从繁重的家务劳动中解脱出来，因而成为生活不可或缺的必需品。

1858 年，世界上第一台洗衣机面世，主要部件就是一只圆木桶，桶内装有一根带有桨状叶子的直轴，通过人工摇动与它相连的曲柄转动轴来洗涤衣物。

随后，木制手摇洗衣机、水力洗衣机、内燃机洗衣机也相继出现。不过，这些洗衣机由于各种原因无法普及，直至电动洗衣机出现。电动洗衣机工作的主要原理是通过让水流和衣物强烈碰撞、摩擦，来洗净衣服。在此基础上，20 世纪 60 年代又出现了带甩干功能的双桶洗衣机，20 世纪 70 年代出现微机控制的全自动洗衣机。

到了现在，市场上最新的洗衣机不仅能精确按照衣服材质控制清洗力度和时间，还带有桶自洁、烘干、杀菌等多种技术。

社会参与能力

未来洗衣机还会不断革新，有人就提出了臭氧洗衣机概念——不需要清洁剂，利用臭氧来清洗污渍。

学生思考

1. 洗衣机技术为什么从发明后一直在不断革新？

2. 你期望未来洗衣机能有哪些技术创新？

知识探究

1. 技术发明

技术发明是指在技术领域中为解决特定问题而提出创新方案、措施的过程及成果，其成果通常表现为前所未有的人工自然物模型、新工艺、新方法等。技术发明具有新颖性、先进性、实用性等基本特征。

2. 技术革新

技术革新是指在原有技术基础上所进行的局部性技术变革，是技术发展的渐进形式，如对生产工具、工艺流程的改进，简便易行，适应范围广泛，有利于发展社会生产力。

3. 创新技术的培育

创新是人类特有的实践活动与实践方式。创新构成了人的存在方式。人类从不满足已经取得的一切成就，总会在对成就肯定的基础上加以扬弃，创造出一个个新的思想、理论及实践，体现并确证自我的意识性、能动性与超越性。因而，创新也成为一个民族兴旺发达的标志，是民族进步的不竭源泉和永恒动力。

作为推陈出新的创造性实践活动，创新的内容十分丰富，涉及思想、理论、制度、科技等各方面；领域也十分广阔，大到国家的政治、经济、军事、外交，小到百姓衣食住行等一切领域。

创新的主体在于人。无论是自然界还是整个社会，都是人的对象世界，都是人的实践对象。人在改造世界的实践中要注入自己的思想、观念。因此，创新实践首先是创新思维，是与时俱进、知难而进、突破上限、不断前进的科学思维。这是人不同于动物的一个明显标志。

对国家而言，创新是引领发展的第一动力。一个民族要想走在时代前列、成为时代的引领者，就一刻也不能没有创新思维，一刻也不能停止创新。在各领域进行创新，必须具备创新思维，打破思想禁锢，突破原有行为模式，以新的理念、新的方法和新的路径解决问题、打开局面。

俄裔德国科学家保尔·尼普可夫在中学时代就对电器非常感兴趣。当时正是有线电技术迅猛发展时期。电灯和有轨电车取代了古老的油灯、蜡烛和马车，电话已出现并得到了普及，海底电缆联通了欧洲和美洲，这一切给人们的日常生活带来了极大的方便。后来他来到柏林大学学习物理学，他开始设想：能否用电把图像传送到远方呢？他开始了前所未有的探索。经过艰苦的努力，他发现，如果把影像分成单个像点，就极有可能把人或景物的影像传送到远方。不久，一台叫作"电视望远镜"的仪器问世了。这是一种光电机械扫描圆盘，它看上去笨头笨脑的，但极富独创性。1884年11月6日，尼普可夫把他的这项发明申报给柏林皇家专利局。在他的专利申请书的第一页这样写道："这里所述的仪器能使处于A地的物体，在任何一个B地被看到。"一年后，专利被批准了。

社会参与能力

　　一个偶然的机会，英国发明家约翰·贝尔德看到了关于尼普可夫圆盘的资料。尼普可夫的天才设想引起了他的极大兴趣。他立刻意识到，他今后要做的就是发明电视这件事。于是，他立刻动手干了起来。正是对发明电视的执着追求和极大热情支持着贝尔德，1924年，一台凝聚着贝尔德心血和汗水的电视机终于问世了。这台电视利用尼普可夫原理，采用两个尼普可夫圆盘，首次在相距4英尺远的地方传送了一个十字剪影画。

活动体验

◆ 想

　　外出一段时间总是离不开一个便利的行李箱，请同学们想一想并和小组成员讨论以下问题：

　　（1）你对行李箱的需求有哪些？

　　（2）你觉得现在的行李箱在使用过程中还有哪些不便？

　　（3）如果让你来设计，你会为行李箱增加哪些功能？

◆ 找

　　查阅资料，了解从第一部电话机面世到现在正逐步推广的5G手机经历的曲折历程，并将手机发展历程中的突破性技术发明和革新罗列出来。

◆ 说

结合手机发展案例，说一说发明与革新的关系。

活动回顾

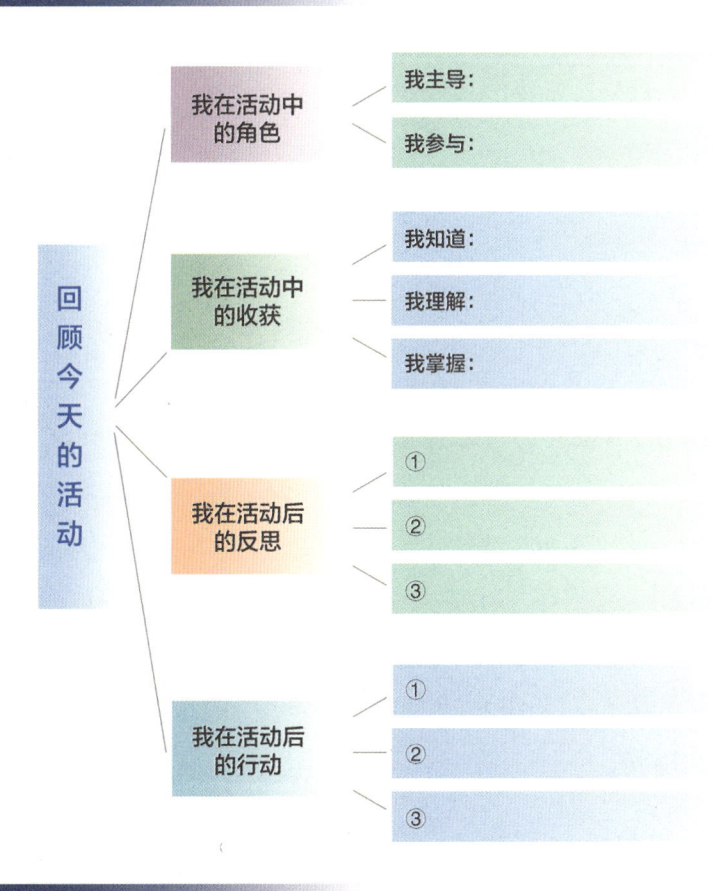

回顾今天的活动
- 我在活动中的角色
  - 我主导：
  - 我参与：
- 我在活动中的收获
  - 我知道：
  - 我理解：
  - 我掌握：
- 我在活动后的反思
  - ①
  - ②
  - ③
- 我在活动后的行动
  - ①
  - ②
  - ③

活动延伸

◆ 想

1. 在老师的指导下观看动画短片《三个发明家》，并写下你的感受。

2. 在老师的指导下浏览全国青少年科技创新大赛的在线展厅，选择一个你非常感兴趣的创新技术进行分析，并将你了解到的创新点分享给其他同学。

3. 在老师的指导下查找并观看视频《我爱发明》。

《我爱发明》是一档全新的科普节目，它贴近生活、贴近百姓，通过展示发明人的新发明、新创意，将科学知识趣味化、形象化，让观众热爱发明，享受创新的乐趣。该栏目的设置不仅开创了一种节目的新形态、填补了中国科普电视的一个空白，而且架起了一座科技成果转化的平台、一座发明人走向市场的桥梁。

谈谈你的感受。

活动 35　专利发明，利国利民

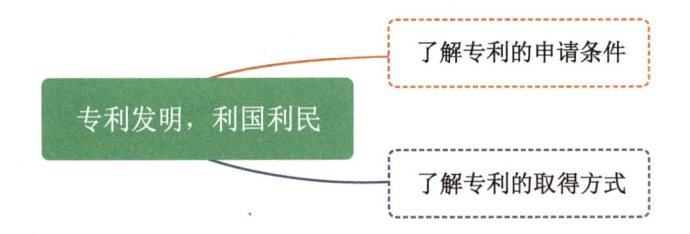

专利发明，利国利民
— 了解专利的申请条件
— 了解专利的取得方式

活动目标

1. 理解专利的概念和特点。
2. 加深对专利取得方式的认识。

活动探究

情境导入

小陈是一名供电工人，他扎根一线，从高压线路的巡查维护到带电作业，一干就是 32 年。只有初中学历的他潜心钻研、坚持创新，先后获得 38 项国家专利，成为名副其实的"草根发明家"。

1986 年，初中毕业的小陈被分配到了县供电公司。到 2001 年，在长达 16 年的职业生涯中，他的巡线作业里程达到近 2 万千米，发现、排除重大安全隐患近百项。

2002 年的一天，小陈在巡视线路的时候，听到有工友抱怨在大太阳底下电流检测仪的显示屏数字看不清的问题，酷爱发明创造的他，下定决心要解决这个问题。经过 100 多次的试验和失败，他成功设计出高压电流自动化检测与报警装置，成本仅有 500 元，测试精度 100%，而此类进口设备价格高达 3 万多元。

在小陈三十多年的职业生涯中，只有初中学历的他取得国家发明专利 38 项，发明创造 20 余项。

社会参与能力

🔘 学生思考

发明创造对国家和社会有何意义？

✦ 知识探究

1. 专利受到法律保护

根据《大辞海》的注解，专利又称"专利权"，知识产权之一。法律授予发明创造的权利，即专利权所有人在法律规定的有效期内享有制造、销售和使用其发明创造的专有权利。《中华人民共和国专利法》（下称《专利法》）规定，受保护的发明创造是指发明、实用新型和外观设计。具有三大特点：（1）排他性。不经专利权人许可，其他人不得使用专利权人的发明创造。（2）时间性。专利权有一定的期限。（3）地域性。除非有有关的国际条约，专利权的有效范围只限于授予专利权的国家或地区。

2. 专利的取得条件

授予专利权的发明和实用新型，应当具备新颖性、创造性和实用性。

（1）新颖性，是指该发明或者实用新型不属于现有技术；也没有任何单位或者个人就同样的发明或者实用新型在申请日以前向国务院专利行政部门提出过申请，并记载在申请日以后公布的专利申请文件或者公告的专利文件中。

（2）创造性，是指与现有技术相比，该发明具有突出的实质性特点和显著的进步，该实用新型具有实质性特点和进步。

（3）实用性，是指该发明或者实用新型能够制造或者使用，并且能够产生积极效果。

《专利法》所称现有技术，是指申请日以前在国内外为公众所知的技术。

3. 专利的取得方式

在传统的理发围布上添加"透明视窗",实现理发与看书、读报、玩手机都不耽误。这项专利以1万元价格转让并投入批量生产。专利的发明者讲述了这个"灵光一现"的小发明的专利申请过程。

首先,要提交一份专利请求书、说明书及其摘要和权利要求书等文件。请求书应当写明发明或者实用新型的名称,发明人的姓名,申请人姓名或者名称、地址,以及其他事项。

其次,由于本项专利也有外观设计的特性,所以还要按照申请外观设计专利的要求,提交请求书、外观设计的图片或者照片以及对该外观设计的简要说明等文件。请记住,提交的有关图片或者照片应当清楚地显示要求专利保护的产品的外观设计。

活动体验

◆ 查

1. 什么是实用新型专利?如何申请?
2. 发明专利和实用新型专利有何区别?

◆ 连

在人类历史发展进程中,涌现出了一批发明家,他们的发明创造改变了人类的生产和生活方式,促进了人类的进步。请将以下的人物和相对应的发明连接起来。

蔡伦	避雷针
毕昇	蒸汽机
爱迪生	造纸术
瓦特	电灯
本杰明·富兰克林	活字印刷术

社会参与能力

◆ 说

全班分为五个小组，每个小组选取一位古今中外有重大贡献的发明家，通过网络查阅相关资料，然后每组派一名代表以"伟大发明家的故事"为题开展班级演讲活动，感受发明的魅力。

◆ 想

当前，创新创业成为社会发展的驱动力之一，作为职业院校学子，创新能力是必备的素养。请大家结合自己的专业，发挥想象力和创造力，谈一谈你对发明创造的设想。以"小小梦想，大大能量"为题，写下你的发明设想，在班级开辟专栏进行展示评比。

活动回顾

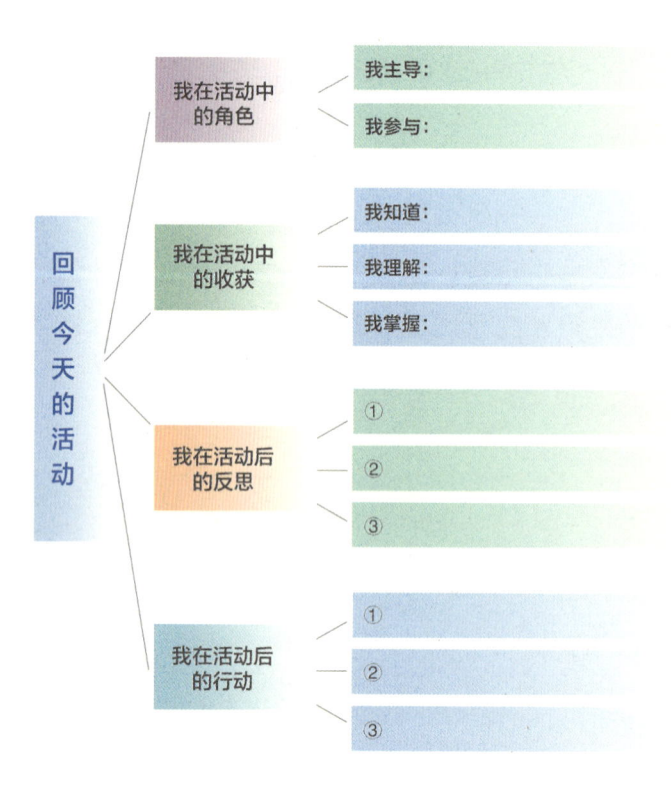

回顾今天的活动
- 我在活动中的角色
  - 我主导：
  - 我参与：
- 我在活动中的收获
  - 我知道：
  - 我理解：
  - 我掌握：
- 我在活动后的反思
  - ①
  - ②
  - ③
- 我在活动后的行动
  - ①
  - ②
  - ③

活动延伸

◆ 想

耿立芳是某化工企业项目组工程师。她善于钻研学习，技术能力扎实全面，先后荣获省化工行业技术能手、省青年岗位能手、全国石油和化工行业优秀技能人才等荣誉称号，并多次在全国、全省行业大赛中荣获佳绩。

耿立芳善于用新思路解决问题，在担任公司尾气处理项目负责人期间，完成三项发明专利。2020年3月，耿立芳参与三氯乙烯下游产品二氯乙酰氯的开发试验，在对生产企业、设计单位、产品市场调研的基础上，协助编制了试验项目可行性分析报告；对原料、催化剂用量、副产物、循环水消耗等进行了工艺计算和软件模拟；加班加点设计了多个工艺流程图及试验方案，力求探索出最佳反应条件。设备制造阶段，她亲自监督指导试验设备的选材用材、检测、调试全过程，提出了多处改进建议。这项开发试验的成功，可延长三氯乙烯的产业链，保证上游装置运行负荷稳定，同时为公司创造新的效益增长点。初步利润测算，工业化装置产能5000吨/年，年创利润8000余万元。

思考：通过耿立芳的事例，你获得了什么启示？

活动 36　保护知识产权，尊重知识成果

```
保护知识产权，     ——  了解知识产权是受法律保护的权利
尊重知识成果
                  ——  了解知识产权受法律保护的意义
```

活动目标

1. 认识知识产权的重要性。
2. 提升保护知识产权的意识。

活动探究

情境导入

2020年8月14日，益阳市地理标志证明商标沅江芦笋专用标志换标成功，湖南洞庭斋食品有限公司成为国家知识产权局正式批准的全省首个地理标志证明商标符合专用标志使用要求的企业。至此，益阳市共有24家企业成为全省首批可使用新版专用标志的企业。

益阳市为了加强对地理标志的保护力度，实行地理标志专用标志使用的统一和规范管理，启动了地理标志专用标志的更换工作。益阳市市场监督管理局还深入组织干部职工认真学习《地理标志专用标志使用管理办法（试行）》，认真贯彻国家局和省局有关工作要求；在群众中广泛宣传解读地理标志产品使用专用标志的重要意义，引导合法使用人积极使用专用标志；对全市所有地理标志保护产品以及地理标志证明商标、集体商标进行全面、详细摸底登记；广泛征求意见，积极对有申报意愿的企业进行申报备案指导工作。

目前（至 2020 年 8 月 14 日），全市共有 15 个地理标志证明商标、192 家企业正式向国家商标局提交商标许可使用备案，1 个地理标志集体商标提交地理标志专用标志申请。

此外，该局将持续强化地理标志专用标志监督管理工作，提高公众对地理标志的认知度，营造全社会共同保护地理标志的良好氛围，助推全市经济更好发展。

学生思考

以上案例中涉及的地理标志专用标志有什么作用？在我们日常生活中有哪些产品属于地理标志保护产品？请举例说明。

知识探究

1. 知识产权是受法律保护的产权类型

知识产权是"知识财产权"的简称，是法律授予知识财产所有人的权利。其主要特点是：唯有知识产权所有人使用其知识财产才是合法的；其他人要使用，必须经过权利所有人的许可，否则就是侵权。知识产权包括专利权、商标权、版权、商业秘密权等。根据《建立世界知识产权组织公约》的规定，知识产权包括下列有关条目的权利：文学、艺术和科学作品；演员的表演、唱片和广播；技术发明；工业品外观设计；商标、服务标志、厂商名称和标记；制止不正当竞争。关于科学发现是否应该拥有知识产权，各国的意见不一，仍在探讨之中。获取、保护和利用知识产权是企业竞争优势的重要来源。

2. 保护知识产权关乎构建社会诚信体系

（1）保护知识产权，有利于调动人们从事科学研究和文艺创作的积极性。知识产权保护制度的主要目的是保护权利人在科技和文化领域的智力成果。只有及时全面地保护知识产权，才能调动广大群众发明创造的主动性和积极型，营造全社会尊重和保护知识产权的氛围，促进社会资源的优化配置。

（2）保护知识产权，能够为企业带来巨大经济效益，增强经济实力。知识产权具有专有性，这意味着获取自主知识产权的企业将获得巨大的独有性收益，在激烈的市场竞争中立于不败之地。近年来，从"中国制造"到"中国智造"再到"中国创造"，越来越强调自主知识产权的重要性，只有加强对知识产权的保护，这些无形资产才能逐步增值。

（3）保护知识产权，有利于促进对外贸易，引进外商和外资投资。我国已于2001年12月11日加入世界贸易组织，履行《与贸易有关的知识产权协定》，保护国内外自然人、法人或者其他组织的知识产权。如果没有知识产权保护，我国参与世界贸易活动就会受到很大的限制。

3. 中国拥有自主知识产权的大国重器

将知识产权上升到国家层面，便是一国核心竞争力和创新能力的体现。位于贵州省的500m口径射电望远镜、中国北斗导航卫星定位系统、复兴号中国标准动车组……每一项拥有自主知识产权的大国重器的问世，都是无数科研人员奋力研究的成果。

活动体验

◆讲

当今时代，互联网技术飞速发展，随之而来的各类侵犯知识产权如商标权、著作权的事件也时有发生。请阅读中国保护知识产权网"网店侵犯商标权 女子赔款1.3万元"相关报道，说一说在网络生活中该如何提升自身知识产权保护的意识。

◆辩

自主知识产权是一个国家、一个企业的核心竞争力。然而，一些投入大量经费研发产品和服务的企业也面临着打击假冒伪劣产品的困局，正版商品质量好、服务优，但是价格偏贵，很多人因此选择购买低价"山寨"商品。请围绕这一主题，开展"正品 or 山寨"的辩论。

想

2017年3月，河北A公司与梁某签订合同，约定A公司给梁某教授酥脆大煎饼技术，梁某与A公司签订的合同中明确规定不得泄露商业秘密和煎饼的技术配方，否则就要承担一定数额的赔偿金。在合同签订后，梁某支付了培训费，获取了煎饼的配方。此后，梁某以"香酥杂粮煎饼果子"为用户名，在网络平台中传播煎饼的制作视频并售卖煎饼的制作配方。得知此情况后，A公司认为梁某的举动违反了合同约定，损害了A公司的形象和商业利益，将梁某告上法庭。最终，法院判处梁某承担违约金6万元。

以上案例，明确了法律依法保护知识产权、商业秘密的事实。在生活中，我们有意或者无意就会与知识产权打交道，那么作为一名学生，我们应该如何提高保护知识产权的法律意识呢？请谈谈你的看法。

活动回顾

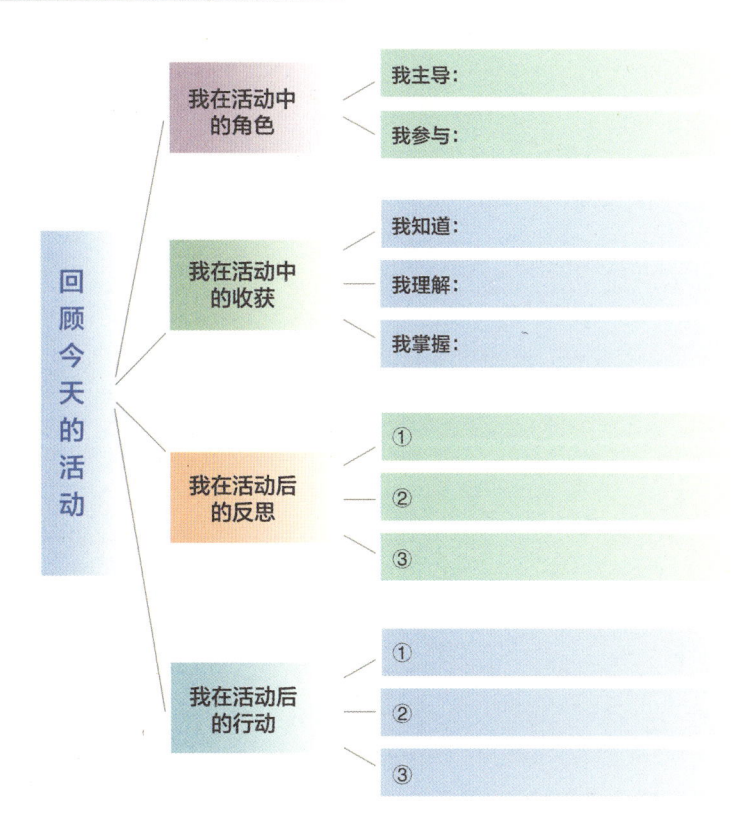

回顾今天的活动
- 我在活动中的角色
  - 我主导：
  - 我参与：
- 我在活动中的收获
  - 我知道：
  - 我理解：
  - 我掌握：
- 我在活动后的反思
  - ①
  - ②
  - ③
- 我在活动后的行动
  - ①
  - ②
  - ③

活动延伸

想

1. 阅读推荐：《上美影保护原创版权　打造核心竞争力》（中国保护知识产权网）。

思考：写下你的感受。

2. 阅读推荐：《湖南邵阳：打造农产品商标品牌，助推农业产业化发展》（中国保护知识产权网）。

思考：写下你的感受。

反侵权盗版声明

电子工业出版社依法对本作品享有专有出版权。任何未经权利人书面许可，复制、销售或通过信息网络传播本作品的行为；歪曲、篡改、剽窃本作品的行为，均违反《中华人民共和国著作权法》，其行为人应承担相应的民事责任和行政责任，构成犯罪的，将被依法追究刑事责任。

为了维护市场秩序，保护权利人的合法权益，我社将依法查处和打击侵权盗版的单位和个人。欢迎社会各界人士积极举报侵权盗版行为，本社将奖励举报有功人员，并保证举报人的信息不被泄露。

举报电话：（010）88254396；（010）88258888
传　　真：（010）88254397
E-mail：dbqq@phei.com.cn
通信地址：北京市万寿路173信箱
　　　　　电子工业出版社总编办公室
邮　　编：100036